W9-COL-130

Recetas saludables
durante
un tratamiento
ANTICÁNCER

ISABELLE DELALEU

Recetas saludables
durante
un tratamiento
ANTICÁNCER

EDICIONES OBELISCO

Si este libro le ha interesado y desea que le mantengamos informado
de nuestras publicaciones, escríbanos indicándonos qué temas son de su interés (Astrología, Autoayuda,
Ciencias Ocultas, Artes Marciales, Naturismo, Espiritualidad, Tradición…)
y gustosamente le complaceremos.

Puede consultar nuestro catálogo en www.edicionesobelisco.com

Colección Salud y Vida natural
RECETAS SALUDABLES DURANTE UN TRATAMIENTO ANTICÁNCER
Isabelle Delaleu

1.ª edición: mayo de 2017

Título original: *Mes recettes santé pendant un traitement anticancer*

Traducción: *Pilar Guerrero*
Maquetación: *Marga Benavides*
Corrección: *M.ª Ángeles Olivera*
Diseño de cubierta: *Isabel Estrada, sobre una ilustración de Shutterstock*

© 2013 Leduc.s Éditions
(Reservados todos los derechos)
© 2017, Ediciones Obelisco, S. L.
(Reservados los derechos para la presente edición)

Edita: Ediciones Obelisco, S. L.
Collita, 23-25 Pol. Ind. Molí de la Bastida
08191 Rubí - Barcelona - España
Tel. 93 309 85 25 - Fax 93 309 85 23
E-mail: info@edicionesobelisco.com

ISBN: 978-84-9111-218-1
Depósito Legal: B-9.268-2017

Printed in Spain

Impreso en España en los talleres gráficos de Romanyà/Valls S. A.
Verdaguer, 1 - 08786 Capellades (Barcelona)

PREFACIO

Aunque los beneficios de la nutrición artificial entre los pacientes que están recibiendo un tratamiento para el cáncer siguen siendo discutidas, las ventajas de una dietética adecuada están plenamente reconocidas en la actualidad. La Sociedad Francófona de Nutrición Clínica y Metabolismo (www.sfnep.org) ha publicado recientemente recomendaciones relativas a la importancia nutricional cuando se padece un cáncer, en las que los consejos dietéticos ocupan un lugar relevante. Recomendaciones simples, al alcance de todos los bolsillos, individualizadas, que cualquier paciente o sus familiares pueden hacerse suyas, permiten llevar una alimentación suficientemente rica en calorías y proteínas a lo largo de todo el tratamiento en un gran número de casos. Lo más destacable es que permiten a todo paciente ser autónomos y conservar la capacidad para elegir sus comidas, disfrutando así de los placeres de la mesa. Puede parecer paradójico estar medicándose contra el cáncer y preocuparse por comer lo que a uno le gusta, pero no lo es. Este libro demuestra todo lo contrario.

Isabelle Delaleu, experta en alimentación sana y baluarte de la dietética y el bienestar, ha sabido reunir, en esta obra, numerosos consejos simples y perfectamente aplicables por todo el mundo, para conservar una alimentación óptima durante y después de los tratamientos para combatir el cáncer. La pérdida de apetito, los problemas con el sentido del gusto y la inflamación de la boca son síntomas frecuentes y a menudo presentes en el diagnóstico del cáncer. Contribuyen a la disminución de la alimentación y a una drástica pérdida de peso. Ya sabemos que esta pérdida de peso (desnutrición) está claramente asociada a la disminución de la eficacia de los tratamientos contra el cáncer, pero también, muy a menudo, al aumento de su toxicidad. Por otra parte, comer menos y perder peso influye negativamente en la calidad de vida de los pacientes, incluso entre los que ya se han curado, en ocasiones durante semanas o meses después de los tratamientos. La pérdida de apetito acaba desembocando en la pérdida de lazos sociales. Por ello, hay que ayudar a los pacientes a comer mejor durante su enfermedad. Puede conseguirse de manera muy fácil en la mayoría de los casos, sin necesidad de recurrir a técnicas de nutrición artificial, siempre que se ponga manos a la obra de forma precoz y proponiendo consejos sencillos y adaptados.

Así, ¿cómo ayudar a un paciente a recuperar el apetito y a comer mejor a pesar de sus problemas digestivos? Las recomendaciones propuestas en esta obra son la respuesta. Nos permite hacernos con trucos para adaptarlos a los gustos y hábitos alimentarios de cada paciente. Rompe con algunos mitos o tabús (no hay alimentos prohibidos, no hay alimentos milagrosos) en vez de ir en el sentido de ciertos alquimistas de la nutrición, poco escrupulosos, que creen poder transformar una humilde sardina en oro. Las recetas aquí presentadas y los consejos propuestos están teñidos de buen humor y sentido común.

¡Y por qué no imaginar a médicos y dietistas utilizando este libro o inspirándose en él para aconsejar a cada paciente que tenga dificultades para alimentarse!

Dr. Bruno raynard
Jefe de la Unidad Transversal de dietética y nutrición del
Instituto Gustave Roussy (Villejuif)

PRÓLOGO

No hay ninguna promesa milagrosa (forzosamente falsa y embustera) en este libro. Sería tan escandaloso como peligroso hacer creer que sólo la alimentación puede curar un cáncer de manera milagrosa. El objetivo perseguido es, sencillamente, acompañar al paciente en un período largo y difícil para no perder –o recuperar– el placer del buen comer durante esas semanas (o meses) en los que se sufren los efectos secundarios de los tratamientos (náuseas, vómitos, falta de apetito, aftas, etc.) que tanto complican la vida del enfermo.

Estas páginas son prácticas, simples y tranquilizadoras, serias, golosas, positivas y, en una palabra, útiles.

Es esencial que comer no sea un martirio, ni en la cocina para preparar los platos ni en la mesa para degustarlos.

Y es que, si bien la comida no es la panacea que nos curará, sí es un soporte fundamental para la sanación: bien escogida, en efecto, puede ayudarnos a combatir la fatiga, a soportar mejor los tratamientos y a arreglárselas mejor con los efectos secundarios (se presentan trucos contra las náuseas y la falta de apetito, por ejemplo), a conservar el control del peso para evitar la desnutrición y, finalmente, a luchar mejor contra la enfermedad.

Se trata de conservar o recuperar la buena disposición en la mesa no sólo mediante una alimentación sana y sabrosa –a pesar de los problemas–, sino correctamente adaptada para poner todas las oportunidades de nuestro lado y suavizar la vida cotidiana. Éste es el objetivo del presente libro.

Importante: todos los consejos y recetas de esta obra son de carácter general. Aunque es nuestro deseo hacerlos útiles para todos los pacientes que sufren un cáncer, durante el curso de sus tratamientos (quimioterapia, radioterapia, hormonoterapia...), cada patología, particularmente cuando afecta al sistema digestivo, puede exigir otras normas nutricionales específicas en ciertas etapas del tratamiento (justo después de una intervención en el tracto digestivo, normas dietéticas muy estrictas que se deben aplicar, etc.).

No hay que dudar, en este sentido, en consultar con el oncólogo para solicitarle la derivación hacia un especialista en nutrición que nos ofrezca un seguimiento personalizado. Prácticamente todos los servicios hospitalarios de oncología proponen consultas con nutricionistas o dietistas especializados, que sabrán adaptar la dieta a nuestro caso concreto.

INTRODUCCIÓN

S i ya en la vida «normal» tenemos interés en comer correctamente (mediante una dieta sana, equilibrada y variada), cuando se tiene un cáncer y nos sometemos a un tratamiento, la alimentación adquiere otra dimensión, mucho más importante para el estado de salud general de nuestro organismo.

En efecto, los tratamientos contra el cáncer tienen fuertes y frecuentes repercusiones en el estado nutricional de los pacientes. Pérdida de apetito (anorexia), náuseas, rechazos alimenticios, modificación del sentido del gusto, aftas, candidiasis bucal y un cansancio importante (a veces insoportable) acaban provocando pérdida de peso y, sobre todo, de masa muscular, lo cual es verdaderamente nefasto.

Se ha demostrado que perder mucho peso (en particular si es masa muscular) es perjudicial para el tratamiento en sí mismo, que puede llegar a ser menos eficaz e incluso nocivo, con efectos secundarios agravados. Por tanto, hay que alimentarse lo mejor posible, habida cuenta de la situación personal de cada individuo.

«Los expertos en oncología, radioterapeutas, dietistas y psiquiatras saben que, recuperar el sabor de los alimentos es esencial para mantener la calidad de vida de sus pacientes y que este tema forma parte integral de la forma de abordar la enfermedad en su globalidad».[1]

---

1. **Fuente:** *Gôut et Cancer: retrouver le plaisir du gôut.* Dossier BioAlliance Pharma, 2008.

LA RELACIÓN
ENTRE TRATAMIENTOS
CONTRA EL CÁNCER
Y NUTRICIÓN

POR QUÉ ES IMPORTANTE ALIMENTARSE BIEN DURANTE LOS TRATAMIENTOS

En el preciso momento en que nos enfrentamos a la enfermedad (o a la de un ser querido), esperamos que lleguen días mejores, y comer bien parece, sin duda alguna, un detalle sin apenas importancia. En el peor de los casos puede tratarse de un problema mayor y un martirio cotidiano.

Sin embargo, alimentarnos de manera adecuada no sólo nos ayudará a vivir mejor este período tan difícil de la vida, sino también a luchar contra el cáncer propiamente dicho desde diferentes perspectivas:

- *Algunos alimentos refuerzan el sistema inmunológico*, lo cual significa que ayudan al organismo a movilizar todas las defensas naturales para luchar con más eficacia contra las enfermedades —en este caso el cáncer—. Alimentarse bien es darle un empujón natural a nuestro cuerpo, más aún, es un plus que no deberíamos obviar porque está al alcance de todos y es muy sencillo.

- *El tumor maligno tiene grandes necesidades energéticas:* ¡tiene que nutrirse! Para ello, desarrolla toda una red de vasos sanguíneos destinados a aportarle los nutrientes necesarios para su crecimiento y proliferación: es lo que se denomina angiogénesis. Después de varios años, numerosas investigaciones se han llevado a cabo en este campo y se han preparado medicamentos «antiangiogenéticos»: matan de hambre a la célula cancerosa, que se va debilitando hasta que muere.

No obstante, numerosos alimentos presentan propiedades antiangiogenéticas demostradas. Es cierto que no podrán detener la proliferación del tumor por sí solos, no podrán curarnos, pero representan un plus que no puede ser sino beneficioso, puesto que va en el mismo sentido que los tratamientos médicos clásicos contra el cáncer. Obviamente, no reemplazan de ningún modo a la alimentación equilibrada y variada, rica en calorías y en proteínas (porque eso es lo que sustenta el capital muscular), pero si nos gustan, podemos añadirlos a todos nuestros platos.

- *Otros alimentos citados en esta obra, integrados en las recetas propuestas, nos ayudarán a soportar ciertos efectos secundarios* difíciles, durante los tratamientos con quimioterapia y radioterapia (tales como las náuseas, la pérdida de apetito, las aftas, etc.), convirtiéndose en suplementos de confort en nuestra vida cotidiana. ¿Y eso de qué sirve? Para tener más «calidad de vida» como dicen los profesionales. Es fundamental porque la calidad de vida se traduce en un estado de ánimo mejor, más fuerza, más energía ¡y una sonrisa en la cara!
- *Comer bien y recuperar el placer de los diferentes sabores,* de sentarse a la mesa, de compartir con la familia y los amigos… Desde luego no es uno de los objetivos principales, pero cuando uno está afec-

tado por una patología como el cáncer, con tratamientos largos y difíciles, un poco de alegría en nuestras vidas la hacen más soportable y no es un detalle insignificante, ni mucho menos. En nuestra cultura, comer es un acto esencial, forma parte de nuestro ser desde hace milenios: disfrutar alimentándose en compañía, alimentar cierta glotonería y compartir ese ratito con gente que nos gusta evita el aislamiento social y participa plenamente en el equilibrio psicoafectivo.

• *Alimentarse saludable y suficientemente sirve para conservar un peso razonable* porque la desnutrición es un verdadero problema en los tratamientos anticancerosos, reduciendo la eficacia de un tratamiento y aumentando su toxicidad, incluso obligando a su interrupción, lo cual siempre es perjudicial. Mantener un peso estable es evitar problemas mayores y aumentar las posibilidades de curarse. De igual modo, nos ayuda a sentirnos mejor físicamente, a luchar contra la fatiga persistente, a recuperar la energía… y a no tener aspecto de enfermo terminal: muy importante en el plano social, en la autoestima y en el ánimo de los pacientes.

EFECTOS SECUNDARIOS DE LA ENFERMEDAD (O DE SU TRATAMIENTO) QUE INFLUYEN EN LA ALIMENTACIÓN

Uno de cada dos enfermos de cáncer manifiesta que come menos y que sufre una modificación significativa en el sentido del gusto. Los alimentos que «antes» se adoraban ahora provocan horror, algunos olores que salen de la cocina les repugnan, el apetito desaparece, los sabores también desaparecen o se modifican y el placer de sentarse a la mesa deja de serlo. Para acabar de estropear todo, las patologías bucales, benignas pero dolorosas, son muy penosas y hacen acto de presencia recurrentemente: aftas, inflamaciones de las mucosas y candidiasis. Por último, los problemas digestivos (diarrea o estreñimiento) deben tratarse de inmediato porque complican la alimentación del paciente…

POR QUÉ DEBE EVITARSE
LA DESNUTRICIÓN

La desnutrición afecta al 40 % de los pacientes de cáncer, con independencia del tipo, en todas las edades, llegando al 60 % (en formas de moderadas a severas) en enfermos de más de 70 años.

En el plano general

Comporta una degradación del estado general, un adelgazamiento notable debido a la pérdida de grasa y, particularmente, a la pérdida de masa muscular. El organismo funciona peor (músculos, cerebro, sistema inmunitario y también las defensas contra las infecciones, la cicatrización, etc.).

Altera la calidad de vida y afecta, en ocasiones de manera nefasta, a la moral y la autoestima.

Sobre la enfermedad y los tratamientos

La desnutrición puede entorpecer, complicar o impedir los tratamientos. Aumenta su toxicidad y el riesgo de complicaciones postoperatorias y, de igual modo, se asocia a un ingreso hospitalario mayor.

Con un mismo cáncer en idéntico estadio, un paciente desnutrido tiene un riesgo de mortalidad superior a un paciente correctamente alimentado.

«En un enfermo de cáncer, la pérdida de peso superior al 15 % se asocia necesariamente a una alteración del pronóstico, independientemente del tumor». Así que la desnutrición sería la responsable de la muerte de los pacientes de un 5 % al 25 % de los casos, según los especialistas. Un problema mayor largamente banalizado, como si fuera una consecuencia lógica e inevitable de la enfermedad en sí misma, pero que, después de un tiempo, se ha tenido en cuenta y se trata con seriedad por los equipos médicos.

EXTRACTO DE LA ENTREVISTA AL DR. SAMI ANTOUN, MÉDICO DEL INSTITUTO GUSTAVE ROUSSY

¿Es la nutrición una nueva clave en el tratamiento del cáncer?
Absolutamente. Debido a la continua mejora de los tratamientos, el cáncer está en camino de convertirse en una enfermedad crónica, como la insuficiencia cardíaca o la respiratoria. En esos casos, el papel del soporte nutricional es cada vez más importante para la vida cotidiana de los enfermos. Hemos pasado mucho tiempo prestando atención al dolor en la enfermedad. Hoy, pacientes y facultativos deben movilizarse para que, **al mismo nivel que el dolor, la nutrición se tenga en cuenta en el tratamiento de la enfermedad. Tiene un impacto real sobre el paciente, sobre la enfermedad misma y sobre la curación. Es un terreno en el que nos es posible actuar ¡Actuemos!**

SOBRE EL INTERÉS EN UNA INFORMACIÓN ENFOCADA

El equipo de Paula Ravasco, en Portugal, ha llevado a cabo un estudio sobre el interés de una intervención educativa nutricional entre pacientes tratados para cáncer colorrectal, comparándolos, después, con otros pacientes que no habían recibido formación particular al respecto. ¿Los resultados? En los pacientes formados se llegó a un 91% de individuos cuyo estado nutricional se preservó; aumentó su tasa de supervivencia de modo que sólo el 8% falleció, en lugar del 30% de fallecidos en el grupo sin formación nutricional.

Fuente: Am J Clin Nutr 2012; 96: 1346-53

CONTROLAR EL PESO: UN IMPERATIVO

- *Pésate regularmente* (lo ideal sería dos veces por semana). Tu referencia debe ser el peso que tenías antes de enfermar, sea cual sea tu constitución (delgada, normal o con sobrepeso). Una pérdida superior al 5 % del peso habitual en un mes (esto es, 3 kg para un individuo de 60 kg) o superior al 10 % en seis meses (6 kg para un individuo de 60 kg) se considera una pérdida importante y anormal. No esperes a haber perdido 5 kg para reaccionar, enriquece tu alimentación y, si es necesario, habla con tu médico durante una de tus visitas.

  Debes saber: que una persona considerada médicamente delgada, es decir, con un IMC inferior a 18,5, tiene más riesgo de desnutrición.

- *Haz toda la actividad física que puedas (por lo menos un mínimo)*: puede parecer paradójico, pero moverse atenúa la fatiga, estimula el apetito y preserva la masa muscular. Habrá quien tenga que conformarse con andar a un ritmo lento. Se recomienda, en cualquier caso, 30 minutos de actividad diaria, que pueden dividirse en paseos de 15 minutos cada uno, cada cual al su ritmo según sus posibilidades. Quien tenga costumbre de ir en bicicleta, de hacer estática o practicar golf, puede seguir haciéndolo, aunque haya que reducir la duración de las actividades o su frecuencia. ¡La actividad física hace mucho bien!

- *En los períodos más fáciles, donde no hay náuseas, cuando el apetito vuelve a aparecer, no te prives de nada,* come lo que te apetezca, por muy calórico o poco recomendable que te parezca. Eso te ayudará a recuperar el peso perdido anteriormente. No te preocupes por acumular reservas, salvo si el tratamiento te hace engordar (como ocurre con la hormonoterapia en caso de cáncer de mama, por ejemplo).

LOS PROBLEMAS A LOS QUE NOS PODEMOS ENFRENTAR... Y SUS SOLUCIONES PARA CADA DÍA

Demasiado cansado para cocinar...

Cuando se padece un cáncer la fatiga es recurrente: el organismo está librando una lucha agotadora contra la enfermedad y ciertos tratamientos conllevan una gran pérdida de energía. Nos movemos con un cuerpo pesado y una capa de plomo sobre los hombros... Cuando levantarse de la cama y darse una ducha se convierten en un esfuerzo sobrehumano, no podemos ni oír hablar de ir a la compra ni de pasarse una hora en la cocina guisando un plato que sólo con pensarlo nos entran ganas de vomitar. Es el momento de hacer las cosas más simples, nutritivas pero sencillas, para intentar seguir alimentándose porque el cuerpo, aunque no le apetezca, necesita recuperar energía.

ALGUNAS SOLUCIONES

- *Utiliza comida preparada:* platos, postres, todo hecho... en la actualidad, con una despensa y un congelador llenos, podemos alimentarnos perfectamente. Piensa en ir acumulando mientras aún tienes fuerzas, o antes de iniciar el tratamiento. Lógicamente, también pueden ayudarte tus amigos, vecinos y seres queridos, incluso puedes encargar la compra por Internet, ahora reparten por todas partes.
- *Come sencillo y rico:* si te apetece un bollo relleno de chocolate caliente, aunque sean las ocho de la tarde, cómetelo... Lo importante no es lo que comas ni cuándo lo comas. Lo importante es que ingieras calorías y aproveches cada momento de apetito y cualquier cosa que te apetezca. El equilibrio nutricional, la variedad, las reglas nutricionales y comer sano es algo que ya recuperarás cuando estés sano. ¡Ahora come lo que quieras cuando lo desees!

- *¿Te apetecen platos retro? ¡Pues cómetelos!* Son reconfortantes para la moral. Un puchero con tocino, sopa de pan, unas torrijas llenas de azúcar ¡lo que sea que te apetezca! Sumérgete en comidas de tu infancia y aliviarás tu cuerpo y tu mente.
- *Cuando cocines, piensa en guisar más de la cuenta para congelar raciones* en fiambreras o en bolsas. Así, los días de cansancio tendrás comida preparada, lista para degustar con sólo unos minutos de descongelación en el microondas. Procura que sean guisos que te gusten mucho para que te apetezcan, aunque no tengas hambre. En nuestras recetas precisamos, sistemáticamente, los platos que pueden ser congelados ¡no dudes en congelar guisos!

La falta de apetito, ¿cómo estimularlo?

¿No tienes hambre? ¿No encuentras el momento de comer? Sin embargo, tu cuerpo necesita nutrirse de la manera más normal posible para evitar la pérdida de masa muscular.

Nadie te puede obligar a comer sin ganas (eso sería un suplicio), pero sí que hay trucos para ayudarte a despertar tu apetito levemente…

ALGUNAS SOLUCIONES

- *Evita comer en la cocina si los olores te molestan.* Muchos pacientes de cáncer se vuelven sensibles a los olores, incluso a los de alimentos que siempre les han gustado. Come en el comedor o en el salón, come donde no te dé asco, aunque sea menos práctico.
- *Juega la carta golosa.* Lo dulce entra mejor que lo salado. Si hace falta que te alimentes de pasteles y compotas temporalmente, hazlo (más adelante veremos los riesgos del exceso de azúcares). También puedes mezclar dulce y salado: añadir miel a una salsa o a una sopa, come fruta fresca y agrégala a ensaladas o a la carne… Piensa también en todos los alimentos que son dulces de manera natural por-

que entran mejor: zanahorias, remolacha, maíz, calabaza, casta-
ñas... Y en la cocina oriental (como los tajines de ciruelas, de
dátiles, de pera, de orejones, etc.).

- *Cocina sólo lo que te gusta:* es inútil obligarte a comer brócoli o mer-
luza a la plancha si no te gusta o si te da asco sólo porque son sanos.
¡Mejor una pizza con ganas! No te preocupes si tu alimentación no
es tan sana y equilibrada como debiera, ya la recuperarás cuando
estés sano. De momento, lo importante es comer, estimular tu apetito con cosas que te parezcan deliciosas.

- *Evita comer solo:* evidentemente, no siempre podemos conseguirlo.
Pero siempre que sea posible, invitar a un amigo, comer con familia
evita enfrentarse solo a un plato delante de la televisión o delante de
la pared de la cocina. Cuando te sientas un poco fuerte, procura
que las comidas sean en grupo (con familia o amigos) porque te
serán de gran ayuda: comer en buena compañía, charlar y reír alrededor de la mesa no sólo permite no estar aislado, sino que también
nos ayuda a recuperar el apetito, desdramatizar el momento de la
ingesta si se nos hace muy cuesta arriba.

- *Cocina «sin olores»:* porque hay ciertos olores que resultan particularmente repugnantes cuando se tienen problemas de náuseas. Es
posible limitarlos cocinando, por ejemplo, con microondas, al vapor en papillote (las de silicona, tan divertidas con sus colores
«pop»). En las tiendas hace tiempo que existen unas bolsitas espe-
ciales para cocinar sin olores, en microondas (bolsas de cocción al
vapor) o para el horno tradicional (bolsas de cocción al horno).
Práctica y reutilizable es la cocedora eléctrica al vapor, o la cestita de
bambú que se pone sobre una cacerola con agua hirviendo.

- *Las raciones deben ser pequeñas:* no hay nada peor que no tener hambre y verse delante de un gran plato lleno a rebosar que produce
arcadas antes de probar su contenido. Siempre que puedas, utiliza
vajilla individual (cazuelitas de las de gratinar, escudillas, platos pequeños), que es bonita y los guisos quedan muy apetecibles en ella,
tarrinas, platitos de postre...

- *Déjate de entrantes y pasa directamente al segundo plato:* que es el más completo y nutritivo. Todo lo que sean aperitivos, entrantes, postres y demás cómelo entre horas. Las «comidas normales» son demasiado copiosas para un enfermo de cáncer; conviene fraccionarlas para no sentir que nos dejamos toda la comida en el plato. (*véase* detalles en la página 36).
- *Intenta hacer un mínimo de actividad física* (no me refiero o a hacer *footing* ni a encerrarse en un gimnasio, sino a paseos cortos a tu ritmo, de 20 o 30 minutos) ¿Cuándo conviene hacerla? Cada día antes de las comidas y nunca después de éstas. Después de una ingesta conviene reposar (maravillas de la siesta). El ejercicio físico nos ayudará a mantener la masa muscular (la enfermedad suele acabar con la masa muscular cuando no le queda grasa) y despierta el apetito.

Calmar las náuseas

Es verdad que conviene tener en cuenta que son «normales», pero no por ello tenemos que sufrirlas con toda su fuerza y debemos intentar pasarlas lo mejor posible, con ciertos trucos que otros pacientes ya han experimentado con éxito. Su eficacia es variable según los individuos ¡pero merece la pena intentarlo!

ALGUNAS SOLUCIONES

- *El agua del carmen y el aceite esencial de menta piperita* (2 gotitas en un terrón de azúcar o en 1 cucharadita de miel) alivian las arcadas. Las deliciosas pastillas de Vichy también dan buenos resultados.
- *Come regularmente* (en pequeñas cantidades) y ve picando entre horas para compensar. Evita permanecer con el estómago vacío porque al final es peor.

- *Cuando te despiertes por la mañana, picotea biscotes o galletas* antes de levantarte. Si tienes problemas en la boca y no puedes masticarlos, remójalos en un zumo de fruta o en té, aunque sea frío.
- *Come lentamente* y mastica muy bien.
- *Evita las grasas,* las comidas excesivamente pesadas y que desprendan mucho olor porque te costará digerirlas y te sentarán mal.
- *Tras las comidas, túmbate a descansar* o siéntate con los pies en alto (si tu cama lo permite, levántala, o colócate en una butaca con los pies en la mesita). Es preferible no acostarse del todo.
- *Si te gusta el jengibre, come trocitos confitados* (en las tiendas chinas siempre hay): el jengibre es de lo más eficaz contra las náuseas. También puedes tomarlo en infusión.
- *Bebe Coca-Cola normal* (no *light*), suprimiendo el gas removiéndola con una cuchara. También funcionan bebidas como el té a la menta o el «jengibre drink» de nuestras recetas.

Los problemas en la boca

Las aftas y la mucositis

La mucositis es una inflamación de las mucosas de la boca que puede provocar llagas. Dichas ulceraciones, parecidas a quemaduras, están directamente relacionadas con la actividad de ciertas quimioterapias y/o radioterapias. Estas últimas atacan a las células que se dividen rápidamente, de manera que algunos tipos de células sanas de rápida división, como las epiteliales que recubren la mucosa bucal, se inflaman y se ulceran. Mucositis y aftas resultan tremendamente dolorosos y aumentan el riesgo de desnutrición porque alimentarse se convierte en un martirio muy penoso.

- *Como prevención:* chupar cubitos de hielo entre $1/2$ hora y 1 hora durante las perfusiones de quimioterapia parece reducir hasta la mitad el riesgo de aparición de úlceras, provocando un efecto vasoconstrictor que reduce la sensibilidad de las mucosas. Vale la pena intentarlo... De todos modos, habla con tu médico porque esta práctica está desaconsejada en determinados tipos de cáncer (particularmente en los cánceres de ORL).

- *Suprime el queso, el vinagre, la mostaza,* los frutos secos (nueces y almendras), la pimienta, las especias, el chocolate, los crustáceos, todos los lácteos y todos los alimentos de sabor ácido (incluidos los cítricos, el kiwi, la piña, la uva, la manzana y los tomates). Reduce la sal.

- *Chupa cubitos de hielo* porque el frío anestesia un poco.

- *No comas caliente,* sino frío o un poco tibio, como mucho, alimentos muy picados o reducidos a puré o líquidos directamente (sopas, cremas, compotas, purés...).

- *Come lentamente.* Si fuera necesario, utiliza una pajita para limitar el contacto del alimento con las mucosas bucales, ulceradas y dolorosas.

- *Tras la ingesta, cepilla bien tus dientes* con un cepillo posquirúrgico y enjuágate la boca muy bien (tu médico te recomendará el colutorio que mejor se adapte a tus necesidades) o con agua fresca, o con una solución de bicarbonato sódico: la eficacia del bicarbonato ha sido bien demostrada en el marco de la prevención de aftas y mucositis.

- *Suprime el alcohol y el tabaco.*

- *Mastica própolis purificado* (una bolita de más o menos 1 gramo) durante 2 horas, o pulverízate la boca con un espray a base de própolis: es indudablemente eficaz (*véanse* los beneficios del própolis en la pág. 64).

La candidiasis bucal

Cándida Álbicans (una levadura) se puede desarrollar durante períodos en los que las defensas estén bajas y/o durante un desequilibrio de la flora bucofaríngea o a causa de una mucositis. Afecta al 66-83 % de los pacientes, con cualquier tipo de cáncer y debe ser imperativamente tratada (habla con tu médico). Provoca un dolor tenaz que impide la deglución, problemas de apetito, alteración del gusto y sequedad bucal.

Aparte del tratamiento antifúngico (por prescripción médica) es esencial respetar determinadas normas nutricionales, particularmente en lo relativo al azúcar, porque este hongo se alimenta de azúcar.

ALGUNAS SOLUCIONES

- *Suprime completamente el azúcar*, todos los azúcares: el blanco refinado, el moreno, la miel, la mermelada, los caramelos, bombones y confites, los refrescos azucarados y la pastelería.
- *Suprime también las frutas más dulces:* dátiles, uvas, cerezas, plátanos maduros, melocotones, ciruelas, albaricoques…
- *Reduce la ingesta de pan todo lo posible* (sobre todo la típica *baguette* blanca y los panecillos de Viena), el arroz, la verdura dulce (zanahorias, remolacha, guisantes, maíz, patata…).
- *Evita los quesos fermentados*, la leche de vaca y todos los lácteos, porque agravan la inflamación de los tejidos.
- *Ciertos aceites esenciales parecen ser muy eficaces:* ravintsara *(Cinnamomum camphora)*, geranio *(Pelargonium asperum)*, limón *(Citrus limonum)*, salvia *(Salvia officinalis)*, laurel *(Laurus nobilis)*, citronela *(Cymbopogon flexuosus)*, árbol de té *(Maleluca alternifolia)*. En cualquier caso, antes de tomar el aceite que sea, es preferible consultar con un terapeuta o un farmacéutico que entienda de aceites esenciales, que te aconsejará para tu caso concreto.

La alteración del sabor

Desgraciadamente, este efecto secundario de los tratamientos (los especialistas lo llaman «disfunción quimiosensorial») es muy frecuente. Un paciente de cada dos se declara afectado. Desagradable y difícil de sobrellevar, particularmente en este período tan delicado psicológicamente, puede perdurar varios meses después de acabar con el tratamiento. La buena noticia es que se puede luchar contra ella ¡y vencer!

ALGUNAS SOLUCIONES

- *Escoge alimentos de tu predilección* que puedan hacerte olvidar la sensación de estar comiendo metal. No te extrañes si ciertos platos que siempre has adorado, ahora tienen mal sabor… es transitorio. Puedes volver a intentarlo en unas cuantas semanas: lo que gusta y lo que no gusta va variando.
- *Si te parece que los cubiertos tienen mal sabor,* no dudes en comer con cubiertos de plástico. Hay algunos que son bonitos y resistentes.
- *Los alimentos salados* (algunos pescados, algunos quesos, la salsa de soja…) y los platos con intensificadores del sabor (casi siempre industriales) desencadenan en el 60 % de los pacientes de cáncer mal sabor de boca. No dudes en añadir especias fuertes y hierbas frescas para camuflar los sabores desagradables.
- *La carne roja puede tener sabor metálico,* bastante desagradable, pero que se camufla fácilmente con especias o con emmental (si no sufres aftas, claro).
- *Prioriza los platos fríos* porque se ingieren mejor en caso de náuseas.

La sensación de boca seca

Puede ser casi permanente en ciertos casos, hasta el punto de dificultar la deglución.

- *Para compensar, apuesta por frutas y verduras ricas en agua:* zanahoria, melón, sandía, manzanas, fresas, melocotones, cítricos, lechuga, pepino, tomate, calabacín...
- *Masca chicle* (sin azúcar) para salivar.
- *Bebe sopas* porque pasan suavemente y se tragan sin dificultad: muchas sopas pueden ser platos muy completos, nutritivos y deliciosos, que se pueden tomar con facilidad (*véanse* las 10 recetas de sopas en la pág. 79)

UN TRUCO PARA CUANDO HAY QUE BATIRLO TODO

Recupera la batidora de tus hijos o cómprate una nueva. Este aparato de cocina para bebés permite cocer verduras, carnes, pescados (y sin ninguna materia grasa) y batirlos juntos, incluso en pequeña cantidad (cosa que resulta muy difícil con una batidora corriente). Ventaja: no desprende olores y se pueden cocinar alimentos que, de otro modo, no soportaríamos cocinar. Calcula $^1/_3$ de carne o pescado o de huevos por $^2/_3$ de verdura, con una nuez de mantequilla fresca o una cucharada de aceite de oliva.

¿Y SI TOMO CORTISONA?

Si te prescriben cortisona durante un largo período de tiempo (más de un mes) te habrán aconsejado suprimir la sal. Comer sin sal es un fastidio, pero en algunos casos es del todo necesario. En ese caso tendrás que comer pan sin sal, olvidarte de la charcutería, los quesos, las aceitunas, el marisco, la bollería, las patatas chips y todos los snacks, los cereales, algunas aguas minerales, las conservas (menos las que van muy escurridas)... En resumen, tendrás que limitar al máximo los alimentos industriales que suelen conservarse en un poco de sal.

- *Usa hierbas frescas y especias* para aromatizar tus platos y que no resulten sosos.
- *Prepara salsa de tomate con finas hierbas* porque dan un toque de sabor interesante a los platos, con una pizca de curry o de pimentón picante, para dinamizar los sabores.
- *Consume potasio* para limitar la pérdida muscular y los calambres: plátanos, frutos secos, oleaginosos.
- *Consume sal de potasio o sal Herbamare Diet* (de la marca A. Vogel, en tiendas bio) elaborada a partir de cloruro de potasio con hierbas y verduras, ideal para dar sabor a los platos.

¿Y SI ENGORDO CON EL TRATAMIENTO?

Si bien la desnutrición es el problema más frecuente en algunos tratamientos para el cáncer, en otros casos pueden hacer engordar: es el caso de la cortisona y de muchos tratamientos hormonales de tipo antiestrógenos, en el caso de un cáncer de mama. Normalmente, el sobrepeso suele ser moderado. Sin embargo, la ansiedad empuja al picoteo y empeora el problema. Lo malo es que, después del tratamiento, cuesta mucho perder ese peso y se recupera con facilidad. De ahí el interés en no ganar demasiado.

ALGUNAS SOLUCIONES

- *Cuida tu peso, pero no te obsesiones,* y si la balanza se dispara, pide consejo al médico y que te envíe al dietista o al nutricionista.
- *No olvides el ejercicio físico,* que es especialmente bueno y te ayudará a controlar tu peso.
- *Evita picotear alimentos industriales,* sobre todo la bollería, los dulces, esas cosas que no calman ni el hambre ni la ansiedad, pero que

se convierten en una compulsión nefasta para la línea: lo que tienes que hacer son auténticos picoteos, con fruta fresca, frutos secos (muy buenos para estabilizar el humor), 2 pastillas de chocolate (no 20… y chocolate negro). Bebe mucha agua e infusiones, por ejemplo, como la de té verde.

UN IMPERATIVO: ¡PRIORIZA EL PLACER!

Es verdad, no se puede decir que tengas mucha hambre, estás sujeto a náuseas y a dificultades para masticar y tragar. Pero comer es indispensable, además de ser un acto social y afectivo muy importante que no podemos olvidar… Para asegurarte la ingesta de los nutrientes necesarios, tienes que darte el gusto cuando tengas oportunidad.

Los platos deben ser atractivos y entrar por los ojos

Sin ponerse a jugar a Top chef necesariamente, tampoco acabes comiendo de la cazuela directamente. Prepara platos que resulten atractivos, que parezcan apetitosos, porque el placer visual estimula el apetito: se devora con los ojos y las ganas de comer se despiertan. Procura que tengan colores, con hierbas, tomates cherry, frutas picadas… Parece que los platos con colores diferentes impares (3 o 5) resultan más apetecibles que los monocromos o con colores pares. ¡Ya sabes, despierta tu apetito!

Cuida el entorno

Bonita vajilla, mantel llamativo, colorines, florecitas o velas (inodoras, claro): todas esas cosas son importantes para despertar el apetito, particularmente cuando se tiende a perderlo. Esta minidecoración sólo lleva unos minutos, pero es capaz de transformar la atmósfera para hacer de la comida un momento especial, alejado del ambiente de un hospital. Y, si en lugar de comer delante de la televisión, pones música que te guste, podrás evadirte un poco más. Así asimilarás mejor los platos y pasarás un ratito agradable que... ¡estimulará tu apetito!

AZÚCAR: SÍ, PERO... ¡CON PRUDENCIA!

Es verdad que seguramente te apetece más lo dulce que lo salado: porque «pasa mejor» porque te apetecen alimentos regresivos y reconfortantes que parece que te suben la moral... Sin embargo, es fundamental supervisar el consumo de azúcares y no abusar de ellos, porque el exceso de azúcar es nocivo en el cáncer. El exceso de azúcares favorece el sobrepeso, que es un factor real de riesgo para determinados tumores como los de mama o los de colon. Además, un estudio reciente, publicado a finales de 2012 en el serio *American Journal of Nutrition,* establece un nexo entre el consumo masculino de azúcares (particularmente en refrescos) y la aparición de cáncer de próstata: el riesgo se vería aumentado en un 40 %, con un consumo regular y frecuente de sodas y otros tipos de bebidas con azúcares añadidos. Una trampa real, por tanto, de la que hay que acordarse en la vida cotidiana.

Pero te preguntarás qué importancia tiene durante la enfermedad. Bien, durante un tratamiento contra el cáncer, pasa un poco lo mismo, y conviene controlar bien el tema: en efecto, el azúcar, al estimular la secreción de insulina, favorece la liberación de ciertos factores de crecimiento (particularmente el IGF – Insulin-like Growth Factor, en inglés), los cuales están implicados en el desarrollo del tumor propiamente dicho: estimulan la proliferación celular y bloquean la apoptosis (suicidio de las células cancerosas). Ciertos tumores (depende de cada individuo y de la naturaleza de cada tumor) se comportan como receptores para estos factores de crecimiento, lo que puede favorecer su desarrollo y multiplicación.

Resultado: algunos especialistas no dudan en afirmar que el azúcar alimenta al tumor… Ahora bien, no es cuestión de privarse total y absolutamente de lo que nos gusta, de lo que nos apetece, sino de moderar el consumo y escoger cuidadosamente el tipo de azúcares que ingerimos. Sí a los dulces caseros, no al azúcar en altas dosis. Hemos elaborado recetas dulces y postres razonables en este sentido, y te proponemos un gran número de platos dulce-salados (en los que el dulce lo aporta la fruta, agradables en boca, con sabores suaves que te gustarán mucho).

En conclusión, no hay que suprimir todos los azúcares (glúcidos), porque aportan energía muy necesaria en estos momentos, pero es importante saber escogerlos. Limita todo lo posible los azúcares refinados con alto índice glucémico: dulces, azúcar en trozos, refrescos y zumos de fruta envasados, pan blanco y de Viena, cereales de desayuno, puré de patatas (sobre todo el instantáneo). Estos alimentos deben consumirse con gran moderación.

ALGUNAS SOLUCIONES

- *Reemplaza el azúcar blanco por azúcar moreno*, o, lo que es mejor, por panela (muy aromática, la puedes encontrar en tiendas bio), e intenta incluirla en tus bebidas. También puedes sustituir el azúcar por sirope de agave, pero lo ideal sería acostumbrarse a beber sin azúcar.
- *Evita los alimentos vacíos en el plano nutricional* (que no tienen ni fibra ni vitaminas ni minerales), pero que son ricos en azúcares: barras de chocolate, confites y caramelos, cereales de niños con miel y con chocolate, siropes, postres industriales (flanes, yogures, natillas, etc.).
- *Si te apetece un dulce, consúmelo mejor como postre, al final de las ingestas* en lugar de comerlo solo (para hacer un pico glucémico y su correspondiente respuesta insulínica). Si es posible, acompaña el

dulce con fruta fresca, por ejemplo, para reducir así el índice glucémico general. Lo mismo para los postres azucarados, que deberán consumirse tras un menú rico en verdura ¡para compensar!

- *Reemplaza el pan normal por pan integral auténtico*, o con cereales, pan negro… Si te parece muy seco y contundente, remójalo en una bebida tibia, como un té.
- *Suprime totalmente los zumos de frutas* que no exprimas tú mismo en el momento, al igual que néctares, los tés helados industriales y las aguas aromatizadas con sabores. Algunas aguas de éstas no están azucaradas así que lee la etiqueta antes de comprar.
- La Coca-Cola va bien para reducir las náuseas, pero no conviene beber demasiada porque contiene mucho azúcar. No olvides que en una lata hay 35 g de azúcar: eso es muchísimo y la glucosa sube espectacularmente, generando hipoglucemias, aumento de peso e incluso diabetes. En nuestras recetas encontrarás bebidas especialmente formuladas contra las náuseas.

Debes saber: si tu oncólogo te prescribe suplementos nutricionales azucarados, te los debes tomar. Si tu médico estima que te resultarán positivos en ciertas situaciones, evidentemente te lo tienes que creer.

EL AYUNO: ¿LA PANACEA PARA TODOS LOS TRATAMIENTOS?

Puede parecer paradójico, e incluso directamente ridículo, hablar de ayuno en un libro sobre alimentación. Pero antes de gritar, hay que recordar que todo animal enfermo deja inmediatamente de alimentarse y que, durante muchísimo tiempo, en caso de enfermedad, los médicos recomendaban ayunos prolongados o un cambio de dieta. De igual modo, el ayuno intermitente (de corta duración) y la restricción calórica tienen efectos positivos demostrados en los monos, sobre la longevidad y el estado de salud general, en particular sobre el sistema cardiovascular y el peso.

Recientemente, trabajos científicos dirigidos por el profesor Valter Longo, profesor de gerontología y biología de la Universidad de California del Sur, publicados en febrero de 2010 en *Science Translational Medicine*, han arrojado resultados sorprendentes sobre el cáncer. Ratas afectadas de tumores diversos, todos agresivos (melanoma, glioma, cáncer de mama y neuroblastoma), privadas de alimento (dos días antes de la quimioterapia, durante ésta y un día después), se curaban mejor que las que continuaban alimentándose normalmente. En todos los casos, la combinación quimioterapia + ayuno resultaba más eficaz (incluso mucho más) que la quimioterapia sola.

Verdaderos efectos

¿Cómo explicar esos resultados? Según el investigador: «El ayuno es una pesadilla para las células cancerosas». En efecto, éstas se nutren de azúcar (en concreto de glucosa). Si las privamos de combustible, sufren y mueren. Por el contrario, las células sanas del organismo resisten sin dificultad al ayuno: saben reducir espontáneamente su metabolismo y utilizan otras vías (como las grasas del tejido adiposo) para sustituir el combustible necesario. Por tanto, las células sanas están protegidas. Otro efecto revelado por los especialistas: ayunar reduce los efectos secundarios de la quimioterapia. El paciente que antes, durante y tras la quimioterapia y tiene menos efectos secundarios como náuseas, diarreas y fatiga, gana el peso perdido con más facilidad. La publicación de los casos de 10 pacientes que ayunaron durante su quimioterapia por iniciativa propia, de acuerdo con su oncólogo, muestra resultados positivos. Se están llevando a cabo diversos estudios con humanos, pero sus resultados sólo estarán disponibles en un par de años.

¿Qué podemos pensar?

No nos referimos a ponerse a dieta por cuenta propia: con la enferme-dad –y sus tratamientos– se corre mucho riesgo de desnutrición, so-bre todo si ya se está debilitado. En ese caso es peligroso jugar con este tema. En todos los casos, el ayuno debe estar acompañado y diri-gido por el médico. Si te apetece probarlo, consulta con tu médico.

Para saber más

Le jeûne, une nouvelle thérapie, un film de Sylvie Gilman & Thierry Vin-cent de Lestrade (2011, Arte). Disponible en www.viadecouvertes.fr

NUESTROS CONSEJOS PRÁCTICOS

EL DESAYUNO: UNA COMIDA DE REYES
QUE DEBEMOS PRIORIZAR

Suele ser la ingesta que se ingiere mejor y para la que los pacientes de cáncer suelen estar mejor dispuestos, quizás porque casi todos prefieren los alimentos dulces durante el tratamiento. Por eso hay que priorizarlo, aprovechando que se suele tener más apetito, y hacerlo lo más agradable posible, consistente y ¡goloso! Si te apetece tomarlo en la cama, hazlo. Prepara una buena bandeja, muy bonita, para estimular el apetito, pero piensa en permanecer en posición semitumbada para reposar esta ingesta: evita estar tumbado tras las comidas porque aparecerán las náuseas.

Si una noche no te sientes con fuerzas ni ganas de una ingesta completa o una sopa, pero sientes que serías capaz de tomarte un desayuno, no dudes en desayunar por la noche. Recuerda que lo importante es comer en cantidad suficiente, así que no te prives de darte el gusto si con ello comes un poco más.

Lo que puedes comer

- *Pan* (lo más integral posible o pan con cereales), crepes, pasteles caseros, biscotes, galletas secas, pan de especias, panecillos con mantequilla, con un poco de mermelada, con miel, con cremas y patés para untar (como la de almendras, por ejemplo). Si te gustan, puedes tomar cereales tipo muesli, sin azúcar, o copos de avena, pero nunca cereales infantiles, que están muy azucarados… ¡y salados!
- *Yogures*, queso blanco, danoninos, leche fermentada (productos con bífidus), productos a base de leche de soja, postres lácteos (natillas, arroz con leche…), leche de almendras, de avellanas, de arroz o de soja (cada cual según sus preferencias).
- *Fruta fresca* entera, si es posible (o exprimida en el momento de ingerir), macedonias, compotas…
- *Fruta seca* (orejones, dátiles, higos y ciruelas, pasas, todo lo que estimule tu sistema digestivo, así como frutos secos (almendras, nueces, avellanas, piñones, pistachos…) si no tienes aftas. ¡Todo esto está lleno de energía!
- *Si tienes hambre, y te apetece,* puedes añadir jamón, pollo, huevos, salmón ahumado, queso… Todo esto aporta proteínas, tan útiles para preservar la masa muscular. Sobre todo si no comes mucha carne ni pescado durante el resto del día.
- *Para acompañar* (piensa en beber mucho líquido): cualquier tipo de té, café (si te gusta y lo soportas), zumos de fruta recién exprimidos en casa, batidos (un poco más espesos y ricos en fibra), leche tibia aromatizada, chocolate caliente…

DIVIDIR LAS INGESTAS

Cuando no hay apetito se recomienda dividir las ingestas. En lugar de hacer dos o tres comidas principales, a menudo muy copiosas, come ligero y añade picoteo en el momento en que te apetezcan. Come tantas veces como lo necesites por la mañana, por la tarde y por la noche, para evitar que el período de ayuno durante el sueño sea demasiado largo, sobre todo si tienes tendencia a levantarte tarde, cosa que ocurre con frecuencia entre enfermos de cáncer, muy fatigados.

Dividir las ingestas también ayuda con las náuseas… En lugar de ingerir una comida a base de primer plato + segundo plato + postre (sólo con pensarlo, muchos ya se desmotivan y la ingesta parece una pared enorme a escalar sin fuerzas), dividirlo facilita las cosas: empezamos tomando el plato principal –que es el más rico y nutritivo– y más tarde haremos un tentempié a base de queso, fruta, algún lácteo, algún postre dulce… Esta técnica aumenta de manera natural la ingesta de alimentos y reduce el riesgo de pérdida de peso.

¿Qué tiempo debe pasar entre cada pequeña ingesta? En teoría dos horas, que es el tiempo que suele tardarse en digerir las cosas. Pero en la práctica ¡se debe comer cuando se sienta hambre!

Desde esta óptica, en esta obra proponemos un gran número de recetas adaptadas a pequeñas tomas apetitosas. Algunas se pueden llevar en el bolso cuando salimos, para tomarlas cuando nos apetezca, incluso en el hospital.

¡RECUÉRDALO!

¿Tienes un capricho o simplemente ganas de picar algo? ¡Pues adelante! Los «detallitos» (como un pequeño aumento de peso) se arreglarán en el futuro, cuando estés restablecido. Ahora esas cosas no importan, salvo que el médico nos recomiende vigilarlos.

PICOTEO ACONSEJADO E INTELIGENTE

El picoteo «organizado» nos ayuda a evitar las náuseas (más intensas cuando tenemos el estómago vacío), a comer más (evitando la desnutrición), sobre todo cuando no conseguimos hacer una comida completa y normal, entera.

Pero tampoco es cuestión de comer todo lo que se nos pase por la cabeza o tengamos a mano: si comes poco (particularmente en las comidas principales), nuestro picoteo deberá ser nutritivo, aportándonos energía, vitaminas, fibra, antioxidantes, minerales, etc., es decir, tiene que contar con un aporte nutricional interesante, sin excesos de grasas malas y azúcares, sin colorantes ni conservantes ni otras joyas químicas superfluas y nefastas. Hay que buscar alimentos densos, agradables pero nutritivos y sanos: frutos secos, pan integral, chocolate negro, plátanos, lácteos y postres relacionados (arroz con leche, natillas...), pasteles y bizcochos caseros, fruta, batidos y demás.

20 ALIMENTOS CLAVE A PRIORIZAR

Ciertos alimentos tienen propiedades anticancerígenas, pero...

En el mercado hay numerosos libros que proponen dietas anticancerígenas. En realidad, todos hablan de prevención y a veces hasta tienen la honestidad de aclarar los efectos secundarios de las dietas, que, por muy beneficiosas que sean, no son milagrosas (el cáncer es, recordémoslo, una enfermedad multifactorial). En esas obras se hace énfasis en ciertos alimentos estrella, cuyas propiedades anticancerígenas se han demostrado ampliamente... Sin embargo, esos alimentos no tienen por qué ser, de manera forzosa, los que nos apetecen cuando estamos enfermos de cáncer. Por ejemplo, la col, la cebolla y el ajo tienen conocidas propiedades anticancerígenas y son muy preventivos, pero sus fuertes olores desencadenan el vómito en la mayoría de enfermos. ¡No quieren ni oír hablar de ellos!

¿Hay que ser violentos con uno mismo y obligarse a comer cosas que repugnan «porque son sanas y beneficiosas»? Evidentemente no.

En este momento, lo que los pacientes necesitan es placer en la comida, alimentos que les apetezcan, que despierten su gula. Y, como es natural, ingerir una sopa de col con tres dientes de ajo y una pinza en la nariz, no es lo más recomendable. ¡Ningún alimento debe darnos asco, nunca hay que comer a la fuerza!

Alimentos adaptados a la enfermedad, a sus tratamientos y a los efectos secundarios

Afortunadamente, muchos alimentos tienen propiedades aprovechables en caso de cáncer declarado, y son más suaves en su sabor y olor, y más agradables de consumir de manera habitual.

Así, es del todo posible poner el acento en alimentos esenciales y beneficiosos, pero menos «contundentes» desde el punto de vista gustativo: nos serán útiles por sus propiedades anticancerígenas, porque alivian los efectos secundarios del tratamiento (por ejemplo, las náuseas) o porque aumentan nuestras defensas naturales.

Entre todos ellos, porque son muchos, selecciona los que creas que tienes más oportunidades de ingerir sin problemas… ¡Los gustos y disgustos son algo personal! Hay gente a la que no le gustan los calabacines ni las zanahorias.

1. LA ZANAHORIA: BETACAROTENOS DULCES

Lo que se sabe en la actualidad

Rica en fibra, vitaminas y betacaroteno (un poderoso antioxidante), que protege del cáncer de pulmón, de piel y de mama. Las mujeres que consumen dos o tres por semana verán cómo se reduce el riesgo a sufrir cáncer de pulmón en un 40 %, y el riesgo de cáncer de mama baja hasta el 44%. Un estudio británico demuestra que el falcarinol, una sustancia antifúngica que secreta este tubérculo para protegerse de las agresiones externas, cuando se le administró a ratas que sufrían lesiones precancerosas, disminuyó en un 35% la aparición de tumores, en comparación con el grupo de ratas a las que no se les suministraban zanahorias. La zanahoria puede consumirse en caso de problemas digestivos porque regula suavemente el tránsito intestinal.

¿Cuándo y cómo?

En puré o en sopa, la zanahoria se come con facilidad y hay que procurar consumirla tan a menudo como sea posible, porque su sabor dulce suele resultar agradable a todo el mundo.

Nuestro truco

Para asimilar mejor los betacarotenos, consume las zanahorias cocidas, rociadas con un chorrito de aceite. Sientan muy bien y resultan más dulzonas y digestivas.

2. LOS CÍTRICOS (LIMÓN, NARANJA, MANDARINA, POMELO): BOMBAS DE VITAMINAS INDISPENSABLES

Lo que se sabe en la actualidad

Repletos de vitamina C y de fibra (sobre todo cuando se consumen enteros), los cítricos son las frutas con más propiedades anticancerígenas: no sólo porque ciertos de sus componentes fitoquímicos (como los polifenoles y los terpenos) parecen actuar directamente sobre el cáncer, reduciendo la multiplicación de las células tumorales y los fenómenos inflamatorios, sino también porque los cítricos potencian el efecto anticancerígeno de los otros alimentos. Como prevención, se ha demostrado que un importante consumo de cítricos reduce (del 40% al 50%)

el riesgo de padecer cáncer de esófago, de boca, de laringe y de estómago. También cabe recordar que la pectina modificada de los cítricos (obtenida de la corteza) se está utilizando como adyuvante (en terapia experimental) porque parece que es capaz de reducir las metástasis, en casos de cáncer de pulmón, de mama y de próstata.

Otra ventaja, aunque su sabor sea ácido, es que, paradójicamente, alcalinizan el organismo (no aportan acidez, sino que lo alcalinizan), lo cual es beneficioso para la salud en general y para detener los procesos inflamatorios.

¿Cuándo y cómo?

Olvida los cítricos cuando tengas aftas porque su consumo resultará muy doloroso. Consulta con tu médico si puedes comer pomelo (en forma de zumo) tomando según qué medicamentos (anticancerígenos o no) por vía oral: igual habrá que disociarlo de las tomas medicamentosas porque puede interferir con algún fármaco (antirrechazo tras un trasplante de médula ósea o ciertos medicamentos de quimioterapia).

Nuestro truco

Crudos, enteros o en zumo recién exprimido en casa (nada de zumos envasados), cocidos (en platos dulce-salados), mezclados con otros alimentos… todos los cítricos son fáciles de consumir. Pueden reemplazar al vinagre para dar a los platos una nota ácida un poco más suave.

3. CÚRCUMA: LA ESPECIA ANTICANCEROSA POR EXCELENCIA

Lo que se sabe en la actualidad

Esta especia sagrada de la India, extraída de la molienda de un rizoma seco, de la familia del jengibre, suele usarse como colorante (con un vivo color amarillo). Es indispensable en la lucha contra el cáncer (con un buen número de publicaciones científicas muy rigurosas que lo avalan), gracias a sus componentes activos, los curcumoides y, principalmente, a la curcumina, responsable también de su famoso color amarillo. Según un estudio publicado en el *Journal of National Institute of Cancer*, ésta no sólo es capaz de evitar los tumores (en ratas), sino que también ralentiza el crecimiento de las células cancerosas ya formadas, impidiendo su angiogénesis (privándolas de «alimento») y conduciéndolas a la muerte (apoptosis). También es un formidable antiinflamatorio que potencia el efecto de ciertas quimioterapias y radioterapias. Ciertamente, las dosis utilizadas para estos experimentos son, por lo general, muy altas, pero no es difícil enriquecer la alimentación con esta especia para aprovechar sus beneficios. Por eso, algunos investigadores afirman que, la utilización importante de la cúrcuma en cocina, podría explicar la baja incidencia del cáncer en la India, país en el que se consumen de 1,5 a 2 g diarios.

¿Cuándo y cómo?

Para beneficiarse de sus propiedades es indispensable mezclar la cúrcuma con pimienta (que multiplica por 1.000 su asimilación por el organismo) y un poco de aceite… Esta especia dulzona es poco perceptible en la comida, por eso puede usarse muy a menudo.

Nuestro truco

Añade, sistemáticamente, una cucharadita de cúrcuma a las sopas, a la pasta y al arroz, incluso en las vinagretas, porque lo aromatizará todo de manera agradable. Si tienes miedo de olvidarte de ella, incorpórala a la pimienta o, como explica Pascal de Lomas (autor de *Mes petites recettes magiques au curcuma*, Leduc Éditions), se mezcla con la sal o con gomasio (mezcla de semillas se sésamo con sal), pimienta y cúrcuma en un tarro, para usarlo en todos los platos. ¡Aromatizar los platos es algo muy beneficioso!

4. EL TÉ (SOBRE TODO EL VERDE): SI SÓLO HUBIERA UNO, SERÍA ESTE...

Lo que se sabe en la actualidad

Si te gusta el té puedes beberlo ¡pero con moderación! El té es la bebida más popular en el mundo (se beben 15.000 tazas cada segundo en el planeta) y es, sea cual sea su color, la bebida saludable por excelencia. No sólo es capaz de reducir el riesgo de aparición de ciertos tumores (mama, colon, piel, vejiga, próstata, estómago), sino que también puede ralentizar su crecimiento y favorecer la muerte de las células cancerosas... y todo gracias a su riqueza en polifenoles y en las catequinas, en particular en EGCG (epigallocatequina galate), que ejerce una acción contra la angiogénesis (creación de una red sanguínea para «alimentar» al tumor). La EGCG, además, puede inhibir (*in vitro*) el crecimiento de nuevos linajes celulares cancerosos. Es cierto que estos beneficios se atribuyen, fundamentalmente, al té verde (que es el más estudiado), pero parece que el té blanco también está repleto de moléculas beneficiosas. En cuanto al té negro, parece que es el menos eficaz (también contiene polifenoles, pero menos catequinas), aunque sigue siendo una bebida sana. Dado que los estudios están contrastados (a pesar de que los trabajos a gran escala son difíciles de controlar, sobre todo en el ser humano), y aunque cada té contenga componentes distintos (en función de su color, de su lugar de recolección, de su tratamiento tras ésta...), su consumo no puede sino recomendarse. Por otra parte, favorece el tono, las capacidades intelectuales y parece que reduce el estrés.

¿Cuándo y cómo?

Cuando quieras y te apetezca. Puedes tomar té frío aromatizado (una especie *ice tea* casero, con menta, con canela, con limón), añadirlo a una sopa, a una ensalada de frutas, a un batido. Pero cuidado si tienes riesgo de padecer anemia (que aparece tras algunas quimioterapias), porque el té puede reducir la absorción del hierro: en ese caso hay que moderar su consumo durante las comidas.

Nuestro truco

Escoge, preferiblemente, el té verde o el té blanco japoneses, más concentrados en sustancias anticancerígenas (las famosas catequinas), de buena calidad, en hojas y no en bolsita. Deja que la infusión repose de 8 a 10 minutos para extraer el máximo de principios activos.

5. ACEITES DE OLIVA Y DE COLZA: BUENOS ÁCIDOS GRASOS MUY BENEFICIOSOS...

Lo que se sabe en la actualidad

Si bien las materias grasas deben consumirse con moderación, no todas valen. Lejos de eso, algunas materias grasas son consideradas nocivas (los ácidos grasos «trans») y se ha establecido su nexo con algunos cánceres, como el de mama. Es, por tanto, imperativo escoger cuidadosamente las grasas alimentarias. El aceite de oliva y el de colza deben estar presentes en toda cocina (en lugar del aceite de girasol, demasiado rico en omega-6, ácidos grasos cuyo exceso es nefasto y que consume muchísima gente).

Repletos de ácidos grasos omega-3, el aceite de colza merece utilizarse ampliamente, mucho más de lo que solemos hacer: el interés en esos buenos ácidos grasos, esenciales para la salud y la para la prevención de la masa muscular (*véase* pág. 86) no puede estar más demostrado, sobre todo en períodos de estrés, de dificultades emocionales y de tendencia a la depresión, porque aportan un apoyo eficaz médicamente demostrado. En cuanto al aceite de oliva, compuesto sobre todo de ácidos grasos monoinsaturados, aporta omega-9 (ácido oleico) y grandes cantidades de polifenoles (antioxidantes). Estudios llevados a cabo en la Universidad Autónoma de Barcelona, en España, han puesto de manifiesto que, en mamíferos (ratas) y en caso de cáncer de mama, ralentizan el crecimiento tumoral, aceleran la muerte de las células cancerosas y la reducción de las alteraciones del ADN.

¿Cuándo y cómo?

El aceite de oliva soporta a la perfección la cocción. El de colza, mucho menos; no hay que calentarlo casi nada, lo mejor es usarlo frío.

Nuestro truco

Escoge un buen aceite de colza, si puede ser, artesanal: su sabor será más fino y agradable.

En cuanto al aceite de oliva, debe ser, sistemáticamente, virgen extra y de primera presión en frío. Así, su calidad será la mejor y aprovecharemos todas sus virtudes. Puedes variar el tipo de aceituna y la procedencia del aceite para ir probando sabores.

6. FRUTAS ROJAS: ¡PEQUEÑAS PERO MATONAS!

Lo que se sabe en la actualidad

Fresas, frambuesas, grosellas, moras… estas bayas son sinónimo de verano, de frescor y de salud. Así, extractos de fresas y frambuesas, testados sobre células cancerosas, dificultan el crecimiento de éstas, reduciendo la angiogénesis (impide que se nutran) gracias a un compuesto llamado ácido elágico. Éste extermina las enzimas implicadas en el proceso de vascularización de los tumores. Los estudios demuestran que un consumo notable de estas dos frutas veraniegas reduce ciertos tumores esofágicos provocados por contaminantes. En cuanto a las bayas violetas, como las moras o los arándanos, contienen antocianidinas, otros polifenoles, capaces (en laboratorio) de bloquear el crecimiento de células tumorales y de impedir la alimentación vascular de las células.

¿Cuándo y cómo?

A picar a voluntad cuando te apetezca. Se pueden tomar tal cual o en una salsa casera, en un batido o como ingrediente de bizcochos y pasteles.

Nuestro truco

Desgraciadamente, la estación de la fruta roja es muy corta... pero, por suerte, se pueden comprar congeladas. No lo dudes, es muy práctico tenerlas siempre a mano.

7. EL JENGIBRE: LA RAÍZ DE LA BUENA SALUD

Lo que se sabe en la actualidad

Un estudio publicado en 2011 en el *British Journal of Nutrition* muestra, tanto *in vitro* como *in vivo* (en ratas), propiedades preventivas y curativas: el jengibre detiene el desarrollo de las células tumorales y provoca su suicidio (apoptosis): este punto ha sido validado para el cáncer de próstata, de mama y de cuello de útero. Es verdad que son necesarias dosis altas (el estudio se hizo con extracto de raíz de jengibre) y que no disponemos aún de ensayos sobre humanos. Pero, sin embargo, el jengibre ayuda a aliviar las náuseas y los vómitos, de modo que resulta muy recomendable tomarlo tan a menudo como sea posible.

¿Cuándo y cómo?

Se puede tomar en todas las comidas porque en la cocina asiática lo incorporan a cualquier alimento sin problemas. Si te gusta, aprovecha y come cuanto quieras. Resulta delicioso en pasteles y compotas. Si no, puedes consumirlo en infusión: ralla el equivalente a $\frac{1}{2}$ cucharadita, viértelo en 1 taza con agua hirviendo (con $1/4$ de limón) y deja en infusión unos cuantos minutos, con azúcar o miel. ¡Está delicioso!

Nuestro truco

Compra una raíz grande, pélala, rállala y conserva el jengibre rallado en el congelador en bolsitas cerradas: siempre tendrás a mano el jengibre a tu disposición y estará fresco.

8. EL SALMÓN, EL ATÚN Y LA SARDINA (TODOS LOS PESCADOS GRASOS, EN DEFINITIVA): LO MEJORCITO DEL PESCADO

Lo que se sabe en la actualidad

En el marco de una alimentación equilibrada y ligera, el pescado debería formar parte de nuestra dieta mucho más a menudo. Los llamados «pescados grasos», como el salmón, la sardina, el atún, la caballa o la trucha, aportan no sólo proteínas de calidad (indispensables para preservar la masa muscular), sino también los famosos ácidos grasos omega-3, tan beneficiosos. Ciertos estudios demuestran una relación entre el consumo frecuente de pescados grasos y una reducción del riesgo de padecer cáncer de colon, de próstata y de mama. Los buenos ácidos grasos también actúan sobre las células tumorales, reduciendo la inflamación y aumentando la eficacia de los fármacos propios de la quimioterapia (*véanse* más detalles en la pág. 44).

¿Cuándo y cómo?

Actualmente sabemos que el pescado, cuanto más grande, más contaminado puede estar con tóxicos, que se van concentrando a lo largo de la cadena alimentaria. De todos modos, los beneficios de estos productos siguen siendo muy altos y debemos consumirlos. Recomendamos los pescados pequeños (por ejemplo, la sardina), porque no contienen tóxicos.

Nuestro truco

El pescado es un alimento que huele mucho, y muy fuerte. Cocínalo en papillote, crudo en tartar o en *carpaccio*, con limón y hierbas, para una comida súper sana y fresca, llena de proteínas y fácil de ingerir. Conserva atún natural y sardinas en aceite, si te gustan. Son muy prácticos y están repletos de nutrientes, como la vitamina D (*véase* más adelante).

9. LAS HIERBAS AROMÁTICAS: FRESCOR ANTICÁNCER

Lo que se sabe en la actualidad

Cebollino, perejil, albahaca, menta, salvia, tomillo, cilantro, orégano, eneldo... todas las «finas hierbas» son beneficiosas y pueden consumirse sin moderación, en función de tus gustos personales. Las labiadas (albahaca, menta, tomillo, romero, orégano, mejorana) contienen de manera natural aceites esenciales ricos en terpenos (moléculas olorosas) que bloquean en el crecimiento de las células tumorales, así como ácido ursólico, una molécula anticancerígena que ataca a las células cancerosas, impide la angiogénesis y bloquea la inflamación, protegiendo al organismo de los efectos secundarios de la quimio y la radioterapia. Las umbelíferas o apiáceas (perejil, cilantro, perifollo) contienen un polifenol muy especial, la apigenina, que inhibe el crecimiento de las células anticancerosas, bloquea la angiogénesis y reduce la inflamación. Además de sus propiedades (demostradas *in vitro* en animales, aunque no en humanos, todavía), las hierbas tienen otras virtudes interesantes, como su capacidad para facilitar la digestión y sus antioxidantes. Finalmente, permiten, gracias a su sabor, reducir las náuseas y la ansiedad. La menta facilita la digestión y combate las náuseas. El tomillo estimula el sistema inmunitario, lucha contra la depresión y soluciona algunos problemas derivados de la quimioterapia, en particular en el tracto digestivo, porque regenera las células hepáticas. Por tanto, no hay que renunciar a este tesoro de la cocina, porque sería una pena.

¿Cuándo y cómo?

Úsalas cada día, en prácticamente todos los platos: la albahaca combina muy bien con ciertas hortalizas (tomates, calabacines, berenjenas y pimientos), así como con fresas. La menta aromatiza las bebidas, las macedonias y té y el tabulé o las ensaladas. El eneldo hace maravillas con el pescado y la verdura cruda (como el aguacate). No dudes en improvisar con las que más te gusten.

Nuestro truco

Compra las hierbas siempre frescas o adquiere plantas que puedas cuidar en casa, porque resultan muy útiles, son bonitas y huelen de maravilla. También pueden comprarse congeladas o congelarlas en bolsitas tú mismo. Lava las hierbas, sécalas, pícalas y ponlas en bolsitas cerradas o en minifiambreras. Por el contrario, evita las hierbas secas porque pierden color, olor y propiedades.

10. LA MANZANA: LA PERLA QUE DEBE INCLUIRSE EN TODO MENÚ

Lo que se sabe en la actualidad

Una manzana al día mantiene lejos al médico: ese viejo refrán demuestra que la manzana, la fruta preferida de mucha gente, es un excelente alimento; en concreto, ayuda a reducir el colesterol. Pero eso no es todo, como las umbelíferas, contiene apigenina (un flavonoide) que, tras un estudio publicado en la revista *Cancer Prevention Research*, reduce el riesgo de padecer cáncer de mama en la mujer. Más aún, un estudio estadounidense (en ratas afectadas de adenocarcinoma) ha demostrado la reducción del número y el tamaño de los tumores, así como una disminución de la agresividad y el crecimiento tumoral, entre los que se alimentaban con manzanas. En este sentido, la razón es, sin duda, sus flavonoides, además de su riqueza en fibra soluble, antioxidantes diversos y quizás por otras cosas que aún no sabemos.

¿Cuándo y cómo?

Cada día ¿por qué no? Cruda y entera para mordisquear entre horas, rallada o cocida (cuando se sufren dolores abdominales), puede comerse de todas las maneras, incluso en ensalada, con carne (pollo, pato, cerdo… hasta en pudin si te gusta).

Nuestro truco

Cómela con piel, porque allí es donde se concentra la mayoría de sus componentes saludables. Es mejor comprarlas de cultivo ecológico; de lo contrario, habrá que lavarlas bien antes de comerlas. Si no te gusta la piel, pélala muy poco, superficialmente.

11. EL TOMATE: EFECTOS BENEFICIOSOS PARA LA PRÓSTATA Y PARA MUCHO MÁS

Lo que se sabe en la actualidad

Sus propiedades en la prevención del cáncer son conocidas y están validadas. El tomate contiene licopenos, un pigmento de la familia de los carotenoides (responsables de su color), gran antioxidante, protector del corazón, de las enfermedades cardiovasculares y de la osteoporosis, pero también, y fundamentalmente, del cáncer de próstata. Por otra parte, los países grandes consumidores (España e Italia, sobre todo) tienen porcentajes de dicho cáncer muy inferiores al resto de países (entorno al 30 %) con tumores menos agresivos. Según ciertos estudios, el licopeno reduce también el riesgo de cáncer de estómago, páncreas, mama, útero, colon y esófago. Si su mecanismo de acción sigue sin comprenderse hasta la fecha, y el efecto de los licopenos sobre las células aún no está estudiado, el consumo no puede ser sino beneficioso por ser un vegetal rico en agua, fácil de cocinar y muy apreciado. Pero cuidado si se sufren aftas porque resulta desagradable e irritante.

¿Cuándo y cómo?

Si te gusta y lo soportas, come tanto como quieras. Los licopenos se asimilan mejor cuando el tomate se guisa con un poco de aceite de oliva, por ejemplo. No te prives de hacer buenas salsas para la pasta, el arroz, la sémola, los huevos y las carnes blancas.

Nuestro truco

Siempre que sea posible, cómpralo bio: un reciente estudio llevado a cabo en Barcelona (España), ha demostrado que los tomates bio son más ricos en antioxidantes que los cultivados de forma tradicional. Si no soportas la piel (algo muy frecuente) pélalos con un pelaverduras especial (por pocos euros en cualquier ferretería). No dudes en comprar latas de tomates pelados, muy prácticas fuera de estación e ideales para preparar salsas en pocos minutos.

12. EL AGUACATE: UNTUOSIDAD SALUDABLE

Lo que se sabe en la actualidad

Dulce, tierno y suave, el aguacate es un alimento agradable y beneficioso para la salud, de indudable eficacia contra las células cancerosas, es extremadamente rico en antioxidantes, como la vitamina E, las proantocianidinas (taninos) y fitoesteroles. También resulta eficaz para prevenir ciertos cánceres de boca y de próstata, gracias a algunos de sus componentes, que disminuyen la acción de ciertas enzimas implicadas en la proliferación tumoral. Es verdad que se trata sólo de estudios *in vitro* que no se han confirmado en humanos, pero sigue siendo un alimento interesante, rico en fibra soluble que facilita el tránsito intestinal, las vitaminas y los ácidos grasos buenos. Por lo visto, estos últimos serían capaces de reparar las lesiones hepáticas. Además, cuenta con el plus de que se puede comer con facilidad, que es rico en grasas saludables y que tiene bastantes calorías (ideales para evitar la desnutrición). Su sabor dulzón y suave, y su textura untuosa, lo convierten en un alimento agradable, fácil de comer incluso en casos de dificultad para deglutir.

¿Cuándo y cómo?

Como entrante, con mayonesa o con cualquier salsa, con limón y pimienta, con gambas y atún (en conserva) y hierbas aromáticas, en ensaladas y en macedonias. También puede tomarse chafado en forma de puré, con limón, cilantro, tomates en dados: de este modo sirve como crema para tomar con palitos de verdura cruda o para reemplazar la mantequilla o el aceite en un bocadillo. Puedes batirlo con la crema de zanahorias o de calabacines, por ejemplo, aportándole untuosidad.

Nuestro truco

Rocíalo siempre con zumo de limón para que no ennegrezca.

13. EL KIWI: TOQUE VERDE PARA LOS PLATOS

Lo que se sabe en la actualidad

Se suelen comer pocas frutas verdes, de modo que el kiwi aporta una nota de color, diferente y divertida, a nuestra alimentación realmente positiva. Por su vitamina C (que lucha contra la oxidación, la fatiga y las infecciones) es bueno para el tránsito intestinal (que se facilita con la fibra) y es rico en componentes protectores (más que los cítricos o las fresas) ¡además de conseguir reparar el ADN! Un estudio llevado a cabo en Auckland (Nueva Zelanda) ha demostrado que el kiwi tiene un efecto protector y reparador del patrimonio genético. Ése es un plus nada desdeñable que sigue sin explicarse (se sospecha de ciertos fenoles y/o vitaminas) pero cabe tenerlo en cuenta. Todas son buenas razones para consumirlo y aprovechar toda su frescura.

¿Cuándo y cómo?

¡Cuando quieras, desde el desayuno hasta la cena!

Nuestro truco

El kiwi se cultiva en muchos países desde hace años porque se aclimata muy bien. Sería una pena comprar kiwis de otro lugar. Consérvalo siempre en frío.

14. Las lentejas: azúcares buenos para la salud

Lo que se sabe en la actualidad

Los azúcares (glúcidos) de esta legumbre tienen poco impacto sobre el índice glucémico y son, en este sentido, recomendables para mantener la energía sin sufrir los estragos del azúcar. Además, las lentejas son ricas en fibras y excepcionalmente digestivas, no como las judías o los garbanzos, por ejemplo, que son poco tolerados por el sistema digestivo. Aportan flavonoides –particularmente catequinas y procianidinas, cuyos efectos anticancerígenos se han demostrado–, así como isoflavonas –que, en la mujer, se ha demostrado que ejercen un efecto protector contra el cáncer de endometrio–. Lo más importante es que son ricas en hierro (luchan contra la fatiga y la anemia), vitaminas del grupo B y cierto tipo de proteínas: las lectinas. Éstas a veces son consideradas malas porque son capaces de impedir la correcta asimilación de los alimentos, pero lo cierto es que poseen propiedades anticancerígenas: inhiben el crecimiento de los tumores y facilitan la apoptosis.

¿Cuándo y cómo?

Si no te gusta la carne, sustitúyela por lentejas, que son una buena fuente de hierro. Puedes consumirlas tantas veces como quieras, son mejores que las patatas y aportan mucha energía.

Nuestro truco

Exigen un poco de tiempo para prepararse, pero si tienes prisa o estás cansado, puedes comprarlas cocidas en tarro o a granel, porque están igual de buenas y conservan sus propiedades. También deberías probar las lentejas coral (de color naranja clarito), que se guisan muy rápido y resultan más apetitosas, aportando un toque de dulzor y originalidad, muy agradable en el día a día.

15. LOS RÁBANOS: LAS MINI COLES DE LA TIERRA

Lo que se sabe en la actualidad

¡Qué curiosos son los rábanos! Estos caramelos de color rosa pertenecen a la familia de las coles (las crucíferas) y presentan las mismas propiedades anticancerígenas. En efecto, todas las crucíferas son reconocidas por prevenir ciertos cánceres, como los de mama, pulmón y aparato digestivo, gracias a sus polifenoles, pero, sobre todo, gracias a unos componentes difícilmente presentes en la verdura (y ausentes en otros vegetales): los glucosinolatos, que, gracias a la masticación, liberan sustancias con propiedades anticancerígenas, capaces de eliminar los elementos cancerígenos del organismo. Los rábanos contienen menor cantidad que las coles de Bruselas, por ejemplo (que son las reinas en concentración de glucosinolatos), pero aquéllos son mucho menos fuertes de sabor y se comen crudos, evitando así los olores desagradables que desprenden las crucíferas al cocerlas. Los componentes beneficiosos del rábano no soportan el calor y son solubles en agua.

¿Cuándo y cómo?

Se pueden picotear solos o con una crema de queso con cebollino. Son crujientes y muy agradables. Puedes rallarlos y mezclarlos con otras verduras crudas, como zanahorias. Puedes usarlos sistemáticamente como decoración de muchos platos.

Nuestro truco

Hay que masticar muy bien los rábanos para permitir la rápida transformación de los glucosinolatos… y nunca los pongas en remojo: un enjuague rápido en el grifo es más que suficiente. Si te cuesta digerirlos, mastícalos con algunas de sus hojas, porque facilitan su digestión.

16. LA UVA: CUANDO PICAR ES BUENO PARA LA SALUD

Lo que se sabe en la actualidad

¡Si el vino es bueno para la salud (moderadamente, claro), para el sistema cardiovascular y contra el cáncer, es gracias a la uva! Su activo más interesante, el resveratrol (una especie de hormona vegetal), se encuentra en la piel y las pepitas de la uva, lo que explica que se halle en grandes cantidades en el vino tinto, y menos en el vino blanco. El resveratrol se concentra menos en la fruta que en el vino (que ha sufrido una fermentación) y no se asimila tan bien, pero sigue siendo aprovechable. Se han demostrado efectos reales contra el cáncer colorrectal (el extracto de pepitas de uva reduce el crecimiento de las células cancerosas) y científicos de Illinois han descubierto, hace algunos años, que en la uva hay una serie de flavonoides (polifenoles), como la cianidina, la procianidina y la miricetina, que actúan en sinergia y son capaces, *in vitro*, de inhibir ciertas enzimas implicadas en el proceso tumoral: según ellos, este cóctel es más poderoso que el resveratrol o los polifenoles del té verde. Por otra parte, la uva es rica en potasio y es diurética (perfecta cuando se tiende a la retención de líquidos durante un tratamiento con corticoides, por ejemplo), rica en agua y en fibra que lucha contra el estreñimiento.

¿Cuándo y cómo?

Se puede picar a todas horas por ser una fruta fresca y dulce (se sitúa entre la manzana y el plátano). Si te gusta, no te prives de la uva; tu tránsito intestinal te lo agradecerá. También puedes beber zumo de uva recién preparado y es agradable; además, acaba con las náuseas. La única condición es que sea cien por cien uva. Pero no te contentes sólo con el zumo porque toda la fruta entera es recomendable.

Nuestro truco

Prioriza la uva negra a la moscatel (la negra tiene más componentes concentrados), cómela con piel y pepitas y escoge variedades bio para que no tengan pesticidas.

17. LAS ESPINACAS: UN TESORO LLENO DE VENTAJAS

Lo que se sabe en la actualidad

No tan ricas en hierro como la gente cree, las espinacas son un concentrado de maravillas. Sus efectos protectores contra el cáncer de colon, de próstata, de páncreas, de esófago o de mama han sido de sobras demostrados. Hay que decir que esta verdura está repleta de antioxidantes y, más particularmente, de flavonoides, betacarotenos, clorofila y luteína, que, testada en ratas con cáncer de mama, reduce la angiogénesis y favorece la muerte de las células cancerosas (la famosa apoptosis). Además, las ratas tratadas con luteína presentan, al final de los experimentos, tumores del 30 % al 40 % menores que las no tratadas. También son ricas en ácido fólico, que interviene en el buen funcionamiento del sistema inmunitario (cosa siempre deseable en un momento de fragilidad) y en el metabolismo cerebral (principalmente en la síntesis de neurotransmisores implicados en el estado de ánimo). Finalmente, su fibra es suave y ejerce una acción alcalinizante en el organismo, controlando la acidez que provoca la enfermedad y su tratamiento. Mantiene el famoso equilibrio ácido-alcalino.

¿Cuándo y cómo?

¡En cuanto tengas ganas! Piensa en las espinacas cocidas (las congeladas son muy prácticas) y crudas en ensalada: los brotes tiernos son delicados y deliciosos.

Nuestro truco

Cuécelas justo antes de comerlas, no las dejes reposar ni para otro rato (tras la cocción se van volviendo tóxicas). Si te haces un batido, añade unas cuantas hojas y te beneficiarás de sus ventajas.

18. El chocolate negro: el placer autorizado y aconsejado

Lo que se sabe en la actualidad

«El chocolate es salud», decía Brillat-Savarin, y la ciencia le ha ido dando la razón porque, con el paso de los siglos, se han ido descubriendo los múltiples beneficios de la deliciosa pastilla de chocolate:

bueno para el corazón, para el cerebro, para el estado de ánimo y para la piel. Es extremadamente rico en polifenoles (contiene más que la fruta y la verdura), en particular en proantocianidinas, moléculas antioxidantes muy cercanas a otras contenidas en otros alimentos de reconocidas virtudes contra el cáncer (bayas rojas, cebolla, té verde…). Un estudio citado por el Dr. Richard Beliveau, oncólogo e investigador canadiense, ha demostrado que la administración de extracto de manteca de cacao retrasa el desarrollo de ciertos cánceres provocados por sustancias cancerígenas.

¿Cuándo y cómo?

¿Por qué no todos los días? Unas pastillitas de chocolate al final de una comida, en una pausa golosa, con fruta o con pan, y también se puede tomar calentito. Puedes cocinar con chocolate para darle un toque goloso a tus platos: fondue de fruta, crepe de chocolate, lácteos con trozos de chocolate, pepitas en el muesli o sobre pasteles…

Nuestro truco

Toma siempre chocolate negro (mínimo 70 % cacao) en raciones de 20 o 25 g al día. También puedes comprar cacao en polvo sin azúcar, para elaborar platos salados con él.

19. EL PLÁTANO: UNA FRUTA SIMPLE LLENA DE PROPIEDADES

Lo que se sabe en la actualidad

Es la fruta ideal para desayunar o para picar entre horas, y ciertos estudios recientes demuestran que es tan eficaz como una bebida energética para evitar las pájaras en los deportistas. En Australia, la banana ha sido bautizada como «la fruta del buen humor», sin duda gracias a sus propiedades antifatiga y antidepresión, y contra el síndrome premenstrual, gracias a que contiene dopamina y serotonina, dos neurotransmisores implicados en la forma física y el estado de ánimo: dan un empujoncito moral y físico del que no hay que privarse. También es rico en potasio, que reduce la acidez del organismo (siempre importante durante los tratamientos contra el cáncer), gran antioxidante y aporta fibra suave, beneficiosa para los que sufren ardor de estómago y diarreas, las cuales atenúa reduciendo la pérdida de líquido en las heces, a nivel de intestino. Diversos estudios han demostrado que, entre los consumidores de plátanos, se dan efectos protectores contra el cáncer de riñón y el de colon, sin duda relacionados con la dopamina y su fuerte potencial antioxidante. Finalmente, es una fruta nutritiva, fácil de comer y de llevar, con un sabor que siempre recuerda a la infancia.

¿Cuándo y cómo?

Cuando queramos, para picar entre horas, como postre o en el desayuno. Puede tomarse tal cual o chafado con un poco de miel, con zumo de limón y queso fresco, con naranjada, en batidos, en rodajas con chocolate, cocido ¡las ideas para cocinar con plátanos no tienen fin!

Nuestro truco

No introduzcas los plátanos en la nevera porque se ponen negros. Conviene consumirlos en su punto de maduración, pero no muy maduros, porque se dispara el índice glucémico y su sabor es muy fuerte.

20. LA MIEL: ORO PARA EL VIENTRE Y PARA EL SISTEMA INMUNOLÓGICO

Lo que se sabe en la actualidad

Esta delicia dorada que fabrican las abejas a partir del néctar de las flores (se calcula que 500 g de miel representan 7.000 horas de trabajo para las abejas) se conoce desde la noche de los tiempos por su capacidad para cicatrizar llagas. Pero no sólo eso, porque es un alimento muy complejo, que encierra en sí, además de agua en un 20 %, azúcares (más del 75 % de glucosa y fructosa), sales minerales, oligoelementos, flavonoides (antioxidantes en gran cantidad), vitaminas, proteínas y sustancias antimicrobianas muy eficaces. Más digestiva que el azúcar, lucha contra la acidez gástrica, que podría reducirse hasta la mitad, según ciertos estudios. Equilibra la flora intestinal porque nutre los probióticos, esas bacterias maravillosas, limitando las fermentaciones. Además, refuerza el sistema inmunitario.

Según las flores a partir de las cuales se fabrica la miel, ésta poseerá propiedades diferentes: relajante la de lavanda, tilo y naranjo, protectora de las vías respiratorias la de eucalipto, cicatrizante la de tomillo. En cuanto a la miel Manuka, recientemente aparecida en Francia (que proviene de Nueva Zelanda, donde la utilizan desde hace mucho los maoríes) es una formidable miel antibacteriana y cicatrizante que ayuda a luchar contra las llagas en la boca (¡pero es muy cara!).

¿Cuándo y cómo?

La verdad es que esta delicia es muy azucarada y, en este sentido, conviene consumirla con moderación. Pero el índice glicémico de la miel de acacia es muy moderado (32) y es bastante menos nocivo que el azúcar blanquilla… Puedes usarla para sustituir el azúcar de caña en bebidas, lácteos o sobre postres.

Nuestro truco

Escoge una miel de calidad, preferentemente bio, envasada por el propio apicultor, de origen local o, por lo menos, europea. Son preferibles los tarros de cristal que los de plástico (cuyos componentes pueden transmitirse a la miel). También debes saber que cuanto más oscura es una miel, más antioxidantes tiene.

ALIMENTOS BENEFICIOSOS QUE PUEDES INCORPORAR A TU MENÚ, SI LOS SOPORTAS

Más fuertes tanto en cuanto a sabor como en cuanto a olor, hay ciertos alimentos con gran reputación por ser beneficiosos en la lucha contra el cáncer. En los períodos más difíciles de náuseas y vómitos, puede que te repugnen. Pero si no te ocurre y los toleras, mejor, no te prives de ellos, sino todo lo contrario.

El ajo: un diente de beneficios al día

Lo que se sabe en la actualidad

Se lo conoce por sus propiedades cardiovasculares, pero también por las anticancerígenas, esencialmente relacionadas con uno de sus componentes, la aliína, que se transforma en alicina cuando se chafa un diente de ajo; la alicina es un compuesto sulfurado volátil y aromático. Diversos trabajos muestran el efecto preventivo del ajo contra determinados cánceres, particularmente el colorrectal y los gástricos: por un lado, porque los compuestos sulfurados parecen capaces de eliminar sustancias cancerígenas del organismo y, también, porque frenan el crecimiento de las células cancerosas y las empujan al suicidio (apoptosis). En roedores, los extractos de ajo concentrado reducen la velocidad de crecimiento de los tumores, su incidencia y su desarrollo.

¿Cuándo y cómo?

Cada día, si te gustan. Parece que sus propiedades son más eficaces si se consume crudo.

Nuestro truco

Chafa los dientes de ajo antes de ingerirlos para liberar sus componentes beneficiosos. También puedes comprar dientes de ajo pelados en tarros de cristal, en las tiendas de especias y en muchos supermercados. Existen congelados. Estas formas son muy prácticas cuando nos molesta el olor.

La cebolla: un imprescindible muy recomendable

Lo que se sabe en la actualidad

Extremadamente rica en quercetina (un flavonoide con potentes propiedades antioxidantes), la cebolla tiene reconocidos efectos beneficiosos en materia de prevención de cánceres como el de piel, de colon, de estómago, de pulmón, de próstata y de ovarios, así como sobre tumores ya existentes. La quercetina se ha revelado eficaz en la prevención, pero también en la ralentización de la proliferación celular en el proceso de carcinogénesis. Lleva ciertas células tumorales hacia la apoptosis.

¿Cuándo y cómo?

¡Cuando quieras! Contrariamente al ajo, la cebolla conserva sus propiedades, aunque esté cocida. Así que no dudes en cocinarla como quieras, en *fondue,* en sopa, en ensalada o en cualquier plato.

Nuestro truco

Escoge las cebollas más fuertes de sabor porque son las que más quercetina contienen, pélalas lo justo porque se concentra en las capas externas.

La col: ataca tumores de todos los colores

Lo que se sabe en la actualidad

Actualmente, todas las crucíferas se consideran protectoras contra el cáncer, gracias a sus componentes sulfurados, que son comunes a toda la familia. Estos componentes son los isotiocianatos: inhiben ciertos agentes carcinógenos, particularmente en el cáncer de pulmón y de la cavidad nasal, impidiendo actuar sobre el ADN, pero también en el cáncer de mama y de esófago. En cuanto al brócoli, contiene sulforáfano que, según investigadores americanos, es capaz de atacar directamente a las células tumorales sin afectar en absoluto a las células sanas.

¿Cuándo y cómo?

La dosis ideal aconsejada es de tres veces por semana, pero eres libre de consumirla a tu ritmo.

Nuestro truco

Intenta picotear pequeños ramitos crudos de coliflor, o de brócoli muy poco cocido, con sus tallos (especialmente ricos en activos anticancerígenos y poco olorosos). Y si te gusta la col lombarda cruda, inclúyela en la ensalada ¡aprovéchala!

ESOS «PEQUEÑOS» TESOROS QUE TE PUEDEN AYUDAR TANTO

El ginseng, para luchar contra la fatiga

Los tratamientos contra el cáncer son tremendamente agotadores para el organismo y se traducen en un cansancio intenso que acaba pareciendo crónico porque puede perdurar bastante tiempo después de haber acabado el tratamiento propiamente dicho. Este problema afecta seriamente a la calidad de vida de los enfermos y debe aliviarse en la medida de lo posible. Un trabajo reciente ha demostrado la eficacia del ginseng (*Panax ginseng* o *Panax quinquefolius*), planta de gran reputación en la medicina china por su capacidad para reducir la fatiga y la fragilidad, aumentando la resistencia y la concentración. Los investigadores han administrado a más de 300 enfermos de cáncer, de etiología diversa, dosis de 1.000 a 2.000 mg de ginseng al día (estudio contra placebo) y la fatiga se evaluó al cabo de 4 semanas y al cabo de 8 semanas, con resultados positivos, notablemente significativos sobre el cansancio y la calidad de vida, sin duda explicables por los componentes activos del producto, los ginsenoides, cuyo efecto sobre zonas particulares del cerebro está ya demostrado. Un ensayo clínico dirigido por el National Cancer Institute (NCI) está en curso para validar estos resultados.

Una buena idea

La dosis aconsejada, sin peligro alguno, es de 750 a 2.000 mg diarios (en polvo, normalmente en cápsulas), que deben tomarse con abundante agua. Pero cuidado, habla con tu médico en caso de tratamiento paralelo porque pueden producirse interacciones con los fármacos antidepresores y antidiabéticos.

El própolis, para mantener la forma y aliviar los problemas bucales

Los productos del panal (miel, jalea real, própolis) son beneficiosos para el organismo, particularmente para sostener y estimular el sistema inmunitario y el sistema ORL. El própolis, una especie de resina formada en las yemas de los árboles (en Europa, principalmente en los álamos), es recuperado por las abejas para sanear su hábitat, dado que posee notables propiedades antibacterianas y antisépticas. Es un auténtico cóctel de más de 300 componentes químicos naturales y aceites esenciales. Un trabajo realizado por la Universidad de Zagreb ha demostrado que las ratas afectadas de cáncer y tratadas con própolis presentaban significativamente menos metástasis que las ratas testigo.

Otro equipo, en este caso japonés, ha demostrado que la administración de esta sustancia permite restaurar el número de glóbulos blancos y rojos en pacientes tratados con quimioterapia. Es cierto que se necesitan estudios a mayor escala, pero, más prosaicamente, el própolis cura y alivia las aftas y otras afecciones bucales (como las candidiasis) y proporciona energía. Sería una pena privarse de él.

Una buena idea

Hacer curas de 3 a 4 semanas durante la quimioterapia (encontramos própolis fuertemente concentrado en las marcas Pollenenergie, Ballot-Flurin o en Les ruchers de Sarah). También puede usarse un gel gingival a base de própolis (como el de Ballot-Flurin, excelente para los problemas bucales).

Los omega-3, para mantener el peso y apoyar al organismo

Esos «famosos» ácidos grasos beneficiosos (que protegen el sistema cardiovascular, reducen las inflamaciones, mejoran el funcionamiento cerebral y reducen el riesgo de depresión, etc.) tienen también buenísimos efectos en la lucha contra el cáncer. Un trabajo dirigido por el profesor Ron Pardini (Universidad de Nevada) ha demostrado que, en ratas, pueden ralentizar el crecimiento tumoral en los cánceres de mama, de ovarios, de colon y de próstata. Siempre en roedores, los omega-3 aumentan la eficacia de la quimioterapia. Este profesor expuso, en la revista *Nutrition and Cancer Journal,* el caso de un paciente de 78 años que se curó tomando altas dosis de estos ácidos grasos. Y dichos efectos podrían estar relacionados con el poder antiinflamatorio de los omega-3, aunque también a un potencial efecto sobre las células cancerosas que reduciría la angiogénesis (y, por tanto, la alimentación del tumor), favoreciendo su muerte (apoptosis). Un estudio llevado a cabo por la Universidad de Alberta (Canadá), también ha demostrado que un suplemento de omega-3 puede luchar contra el adelgazamiento debido a la quimioterapia y, en particular, contra la pérdida de masa muscular, bastante frecuente (afecta al 70 % de los pacientes): el 70 % de los enfermos suplementados con omega-3 conserva una masa muscular equilibrada, superior a la que tenían antes de la enfermedad.

Una buena idea

Se ha hablado mucho de los omega-3 y el cáncer. En la actualidad, los resultados de los diversos estudios son contradictorios, por tanto, necesitamos prudencia y rigor: si bien no es forzosamente necesario suplementarse (en todo caso, lo que sí es imperativo es pedirle opinión al oncólogo antes de hacer nada), sí que es prudente y positivo aumentar el consumo natural de ácidos grasos esenciales a través de la alimentación cotidiana, por ejemplo, tomando aceite de colza (nunca calentado), aceite de nuez, pescados grasos (salmón, atún, caballa, sardinas, boquerones…) y oleaginosos (salvo si tenemos aftas), para aumentar los aportes de manera natural.

Las algas, para aprovechar los tesoros del mar

Auténticas bombas nutricionales (desbordan fibra, vitaminas, minerales y oligoelementos como el yodo, el hierro, el calcio o el potasio), estas verduras marinas parecen presentar, además de sus propiedades energéticas, auténticas propiedades anticancerígenas porque, algunos componentes de las algas (como la fucoxantina y los fucoidanos), administrados a ratas de laboratorio, reducen el desarrollo de las células tumorales (provocado por agentes cancerígenos) de mama, de piel y de colon. Dichas sustancias reducen la inflamación, estimulan el sistema inmunitario y favorecen la apoptosis (muerte celular). Según el Dr. Robert Beliveau, especialista canadiense, la fucoxantina es, sin duda, tanto en células como en animales de laboratorio, el carotenoide cuya actividad anticancerígena es más potente incluso que la del licopeno sobre el cáncer de próstata.

Algunas algas no forman parte de los menús que todos los occidentales consumimos a diario –algunos ni las habrán probado en su vida– porque para nosotros siguen siendo alimentos «exóticos». Pero si eres atrevido, vale la pena intentar cocinarlas y probar sabores diferentes, aprovechando así sus beneficios.

Una buena idea

Prueba, para empezar, las ensaladas con algas frescas (por ejemplo, el *wakame)*, listas para tomar en las tiendas bio o en tiendas exóticas: sin duda sabrás apreciar su sabor, en ensalada, en tartar o untadas en forma de crema. Prueba también la nori, que es esa alga oscura que envuelve el sushi y que pueden añadir a sopas y cremas. Si te gustan, no te prives de ellas porque todo lo que les saques será bueno.

Los aceites esenciales para atenuar de manera natural ciertos efectos secundarios

Conocemos los aceites esenciales por sus numerosas y diversas acciones terapéuticas, y suelen ser empleados en espray y sobre la piel. Lo que poca gente sabe es que pueden utilizarse en cocina, con mucha calma, evidentemente, dado que sus sabores son muy intensos. Pueden reemplazar a las hierbas aromáticas frescas (albahaca, estragón…) y pueden aliviar las náuseas (menta piperina o jengibre), reducir la fatiga y recuperar la energía (limón), calmar en caso de estrés, ansiedad o dificultades para dormir (lavanda, naranja dulce…). Las incomodidades habituales durante el tratamiento hacen que merezca la pena probar su utilización, sin forzar dosis y respetando rigurosamente las precauciones de empleo.

Una buena idea

Encontrarás algunas recetas con aceites esenciales, pruébalas para ver si resultan eficaces en tu caso y, si es así, adóptalas. Para inspirarte, lee la obra de Danièle Festy y Catherine Dupin: *Mes petites recettes magiques aux huiles essentielles*, Leduc.s Éditions.

La vitamina D, un verdadero apoyo que hay que descubrir

Fabricada por el organismo gracias al sol (a partir de una sustancia próxima al colesterol), la vitamina D es poco conocida y poco valorada en la sociedad, que sigue insistiendo en recomendar escasas dosis de origen alimenticio (o suplementos) mientras que está más que demostrado que el 75 % de europeos que pasan el invierno con poco sol sufren tremendas carencias, así como el 80 % de las mujeres con menopausia. Tenemos, en la actualidad, pruebas de que esta preciosa vitamina (implicada en el crecimiento óseo) es un arma esencial del sistema inmunitario, que nos protege contra la enfermedad y, sobre todo, contra el cáncer. Hasta el punto de que la Sociedad Canadiense contra el Cáncer recomienda suplementos de vitamina D durante los meses de invierno. En efecto, si diversos estudios han probado que reduce el riesgo de algunos cánceres (particularmente el de mama, gracias a un estudio que data de 2010, de colon, de próstata y de linfoma), nuevos trabajos de investigación han arrojado resultados positivos: un estudio realizado por la Universidad de Creighton, en Nebraska, con más de 1.150 mujeres, por un período de 4 años, han revelado una disminución en el riesgo de cáncer de un 60 % entre las mujeres que tomaron suplementos de vitamina D, en forma de 1.100 UI diarias.

¿Y qué pasa durante un tratamiento contra el cáncer? ¿Los beneficios son los mismos cuando ya tenemos el cáncer? Sin duda alguna, porque estimula el sistema inmunitario y lo ayuda a defenderse de la proliferación y el crecimiento de las células tumorales. Trabajos con animales le atribuyen una capacidad real para inhibir la proliferación celular, inducir a la diferenciación y el suicidio celular (apoptosis) y mantener a raya la angiogénesis. Según los últimos estudios, bloquea una proteína necesaria para la división de las células tumorales y la posible metástasis. Investigadores canadienses (de Montreal) han publicado, en el *Journal American Society of Clinical Oncology*, un estudio sobre 500 mujeres, a las que han seguido durante 7 años, que demuestra que las mujeres con carencia de vitamina D, diagnosticadas de cáncer de mama, tenían un riesgo de mortalidad más elevado y más riesgo de metástasis que las mujeres con un correcto nivel de vitamina D.

Un nuevo estudio muy reciente, parece confirmar la importancia «capital» de la vitamina D en el organismo: pacientes con cáncer de colon, tratados con quimioterapia y suplementados con vitamina D (2.000 UI/día) durante 6 meses, vieron disminuir, efectivamente, la cantidad de ésta (en relación con otros enfermos que no recibieron el mismo tratamiento). Con ello se puede suponer que la quimioterapia aumenta la necesidad de vitamina D, sin duda porque ésta es rápidamente consumida por el organismo durante el tratamiento. Para los investigadores que hicieron este descubrimiento, significa que hay que adaptar las dosis de vitamina D3 a los pacientes receptores de quimioterapia.

Una buena idea

Lo cierto es que algunos de estos estudios deberían ser confirmados por nuevos estudios clínicos antes de que una suplementación sea sistemáticamente prescrita a los pacientes e, incluso en ese caso, la vitamina D no es un milagroso remedio anticanceroso por sí sola. Sin embargo, suplementarse durante el tratamiento podría ser una buena iniciativa que «no puede hacer ningún mal» porque esta vitamina concreta es, también, un excelente antiviral (por ejemplo, contra la gripe) y puede evitar pequeñas infecciones recurrentes, en períodos de fragilidad acusada. Por ello, conviene tomar ampollas de vitamina D3, mensuales o trimestrales (de la farmacia), o suplementos diarios de unos 1.000 a 2.000 UI/día (asociadas a calcio y/o magnesio). En todo caso, aumentar su consumo alimenticio a través de la yema de huevo, pescados grasos (como el aceite de hígado de bacalao...). Las sardinas en aceite, sobre todo si son de cierto tiempo, son otra excelente fuente: si te gustan ¡adelante!

TRUCOS PARA LA COMPRA

Comer bien es, ante todo, cuestión de organización. Porque, una vez metidos en las citas médicas y los tratamientos, no siempre tendremos el tiempo ni la energía para ir a hacer la compra, ir al mercado, experimentar nuevos platos en la cocina y complicarnos la vida.

Así que el objetivo será: simplificar las cosas y anticiparnos en todo lo posible.

Lo que conviene hacer antes

Organizarnos aporta mucha seguridad a la hora de afrontar los días difíciles: nos ayuda a sentirnos «preparados». Si te gusta cocinar, esta actividad te ayudará a no pensar en otras cosas y relajarte un poco.

- *Pasarse por los congelados* (si tienes un congelador grande podrás almacenar muchísimas cosas): verdura y fruta, pollo, carnes y pescados (incluso en forma de *carpaccio,* que es muy práctico), mozzarella, hierbas preparadas (incluso jengibre picado y citronela), tomates pelados, verdura asada (o cocinada al vapor), sopas de todo tipo, cremas para untar. Compra lo básico indispensable que luego te haga ganar tiempo.
- *Si sueles ir a la compra habitualmente,* muchos comerciantes venden sus productos ya cocinados o listos para añadir a tus platos (y mu-

cho más frescos que algunas de las bolsas que se venden en el súper): judías verdes congeladas o cocidas, guisantes, calabaza en dados, mezclas para sopas… No lo dudes, la verdura congelada puede salir un poco más cara, pero es más fresca y te facilitará la vida muchísimo. Además, comerás mucha más verdura si no tienes que lavarla, picarla y prepararla. Otra opción es comprar el fin de semana y preparar los menús de la semana entrante o apuntalarlos haciendo bases: sopas, salsas, sofritos, compotas…

- *Compra pan de calidad,* córtalo en trozos o en rebanadas y congélalo. Lo mismo para la bollería, que siempre será mejor que la industrial.

- *Haz tus buenas tartas* y congela porciones: cuando no tengas ganas de meter las manos en la masa te alegrarás de darte el gusto de un trozo de tarta que ya estará hecha. Haz crepes (se congelan, individualmente, entre film transparente o papel sulfurizado), madalenas y bizcochos…

- *Almacena féculas, cereales y legumbres:* lentejas, judías, garbanzos, pasta, pasta china, arroz, fideos de arroz, quinoa, trigo, avena, ya sea en bolsitas (en las tiendas bio) o cocidas en tarros al vacío.

- *Compra los productos que desees:* buenos chocolates negros, galletitas (lo más sencillas posible), miel (o diversas mieles diferentes, para variar), té de calidad (sobre todo verde, pero también rojo si te apetece al final del día) o infusiones de plantas diversas, y especias naturales de todo tipo…

- *¿Ganas de tener las manos y la mente ocupadas?* Pues crea tu propio jardín de hierbas aromáticas, en el balcón o en las ventanas (albahaca, cilantro, menta, perejil…). Son buenas, decorativas, sanas y te sentirás orgulloso de tu cosecha.

- *Cómprate una batidora especial, tipo bebé,* papillotes de silicona y una cocedora al vapor.

- *No olvides todas las ayudas culinarias indispensables:* especias (cúrcuma, curry, azafrán…), salsas (de tomate, leche de coco, tarros de pesto…) y aceites de calidad (oliva, sésamo, colza…).

UNA SEMANA DE MENÚS

Los platos en cursiva corresponden a recetas del libro.

Día 1

Desayuno: té o infusión, pan integral o de cereales con mantequilla y/o miel, mermelada de frutos rojos, 1 pieza de fruta al gusto (mandarina, kiwi, fresas...).
Aperitivo: *batido del bosque.*
Almuerzo: *bolitas de ave al vapor con cilantro y menta*, ensalada mixta (verde + tomate), 1 trocito de queso (o 1 yogur o 1 quesito fresco).
Merienda: 2 rebanadas de pan de especias, 1 plátano (eventualmente chafado con 1 cucharada de miel y unas gotas de limón), 1 chocolate a la taza.
Cena: *sopa de lentejas, espinacas, tomates y especias* (versión completa).
Picar: compota de frutas sin azúcar.

Día 2

Desayuno: té o infusión, 1 kiwi (u otra fruta de temporada), 1 o 2 rebanadas de pan con mantequilla.
Aperitivo: queso fresco o 1 yogur natural con miel o mermelada + 2 o 3 bizcochos tipo sobao o melindro.
Almuerzo: *ensalada fría de quinoa*, 1 naranja (o 2 mandarinas o ½ pomelo).
Merienda: *bizcocho de yogur reinventado*, 1 puñado de uvas, 1 té verde a la menta.
Cena: *sopa calabacín-granny* (versión completa)
Picar: fruta seca o frutos secos, 2 pastillas de chocolate negro, 1 manzana o 1 plátano.

Día 3

Desayuno: té o infusión, 1 cuenco de cereales con leche de soja (o de arroz o de almendras…).
Aperitivo: *smoothie fresco-glacé.*
Almuerzo: *galletas vegetales, quesito blanco picarón.*
Merienda: unas rebanadas de pan de especias, té verde aromatizado y compota.
Cena: *sopa mexicana de pollo con tortillas* (versión completa).
Picar: 1 plátano (eventualmente chafado con 1 cucharada de miel y unas gotas de limón), 2 pastillas de chocolate negro.

Día 4

Desayuno: té verde o infusión, 2 crepes con miel, 1 pera (o 1 kiwi, 1 zanahoria o un cítrico).
Aperitivo: batido de naranja, plátano y mango (o fresas, según la estación).
Almuerzo: *papillote de pollo con endivias caramelizadas*, 1 fruta del tiempo.
Merienda: 1 trozo de queso + 1 rebanada de pan + 4 o 5 nueces.
Cena: *sopa de calabaza y zanahoria al rulo de cabra* (versión completa).
Picar: *arroz con leche exótico.*

Día 5

Desayuno: té verde o infusión, 1 o 2 rebanadas de pan con cereales y mantequilla, 1 manzana rallada al aroma de canela.
Aperitivo: 1 quesito blanco + 2 o 3 galletitas de mantequilla (danesas, por ejemplo).
Almuerzo: *ensalada de verdura asada al rulo de cabra*, macedonia fresca (o compota de frutas).

Merienda: *banana Bread a la americana*, chocolate a la taza.

Cena: *sopa cremosa de mejillones, gelatina de kiwi con salsa de fresa.*

Picar: 1 quesito + 2 galletitas de mantequilla + almendras y avellanas picadas.

Día 6

Desayuno: té o infusión, 1 panecillo de leche con mermelada, 1 cítrico (naranja o pomelo o mandarina).

Aperitivo: *zumo ultraligero*, 1 plátano.

Almuerzo: *papillote de salmón al coco-citronela*, *Arroz thai*, postre lácteo si apetece.

Merienda: *maki de* crepe *afrutado*, 1 té verde a la menta.

Cena: *caldo de carne a la asiática (o no)* (versión completa).

Picar: 1 compota, 1 trozo de tarta casera (al gusto).

Día 7

Desayuno: té o infusión, macedonia de frutas de temporada (o zumo de cítricos recién exprimidos), cereales con leche de almendra (o de arroz o de soja).

Aperitivo: 1 trocito de queso con 1 rebanada de pan.

Almuerzo: *puré de calabaza y zanahoria con pollo a la miel.*

Merienda: té verde a la menta, compota sin azúcar + 2 o 3 bizcochitos o galletas de mantequilla.

Cena: 2 huevos pasados por agua con tiras de pan, ensalada verde, *sopa de melón a la menta con jengibre.*

Picar: 1 quesito a la canela + 4 o 5 frutos secos + 2 pastillas de chocolate negro.

MENÚS ESPECIALES PARA DÍAS COMPLICADOS

«Fatiga total»

¿Demasiado cansado para cocinar? Prepara algo sencillo, rápido... ¡y bueno! Comer bien te ayudará a recuperar fuerzas.

Sopa china con fideos, fruta Bella-Helena exprés, o lácteo o compota.

Sopa de verdura con cereales y legumbres, quesito blanco picarón.

Aguacate de fiesta, puré de lentejas coral a la cúrcuma y el cilantro, fruta cocida con canela sin azúcar añadido (5 minutos al microondas).

«Confort urgente»

¿Ganas de estar en pijama y no dar golpe? ¿Algunos platos retro? ¡Por qué no!

Gratinado suave de bebé, bombones de kiwi al chocolate.

Sopa cremosa de maíz a la americana, compota retro en crumble.

Rollitos de jamón, arroz con leche exótica

«Visita»

No tienes hambre, pero ha venido una visita y comer con alguien agradable te apetece mucho. Estos platos gustan a todos y a ti el primero. Completos sin complicarte la vida.

Veluté deliciosa de coliflor al brie, pato con uvas, sopa de frutos rojos a la naranja con albahaca.

Carpaccio de vieiras, pincho de cerdo a la miel con ensalada de vitaminas, choco-mousse ultraligera.

Ceviche de pescado, rollitos a la italiana, papillote de kiwi, frambuesas, naranja y almendras o avellanas.

«De pícnic»

Cuando pasamos el día fuera de casa, sobre todo por los tratamientos, es una delicia comer cosas caseras a nuestro gusto que levantan el ánimo.

Bocata al pesto, compota de fruta sin azúcar, galletitas de mantequilla, *jengibre drink.*

Rollitos de primavera ultrafrescos, cake de naranja con orejones y chocolate, té a la menta.

Rabanitos crudos, tarta de tomate, queso fresco o yogur natural, *«ACE» casero.*

RECETAS SALUDABLES
PARA TODOS LOS DÍAS

SOPAS

Cuando se está tan cansado que no se puede ni tragar, cuando se está mareado y se tienen náuseas, la sopa es un valor seguro, reconfortante y fácil de tomar, incluso en caso de dolor bucal o dificultades para la deglución. Y, como hay vida después del pollo con fideos o los puerros con patata, hemos preparado unas recetas fáciles y originales, deliciosas, que se transforman en una comida completa en menos que canta un gallo. ¡A las ollas!

SOPA DE VERDURAS CON CEREALES Y LEGUMBRES

Una sopa copiosa y rústica, a la antigua usanza, repleta de fibra y de buenas proteínas vegetales... ¡Rica, rica!

PARA 1 PERSONA
PREPARACIÓN: 10 MINUTOS
COCCIÓN: 30 MINUTOS

&- Súper simple y rápido: SÍ
❋ Puede congelarse: NO
● Desaconsejado con aftas: NO
🎒 Fácil de transportar: SÍ

INGREDIENTES: *200 g de verdura variada al gusto (zanahorias, calabacines, judías tiernas, hinojo, apio, puerro, cebolla, tomates, nabos...), fresca o congelada; 1 cucharada colmada de lentejas coral; 1 cucharada colmada de perlas de cebada; $1/_2$ cebolla; 1 cucharada de aceite de oliva; sal y pimienta.*

Calienta el aceite y dora la cebolla previamente pelada y picada. Añade la verdura y rehoga 5 minutos.

Incorpora las lentejas y la cebada, cubre con abundante agua, salpimienta y deja cocer a fuego medio durante 25 minutos, aproximadamente (controla la cocción de los cereales para que estén tiernos). Sirve bien caliente.

EL TRUCO. Según la estación, podrás variar los sabores sobre la misma base: sopa con dominancia verde o roja o anaranjada... Todo es posible.

PARA UN PLATO COMPLETO. Acompaña esta sopa rústica con lonchas picadas de jamón, parmesano rallado, nueces picadas y una cucharada generosa de pesto. ¡Es una delicia!

SOPA CALABACÍN-GRANNY

Ligeramente agridulce, esta sopa despierta los sentidos y abre el apetito suavemente, con todo su sabor.

PARA 1 PERSONA

PREPARACIÓN: 10 MINUTOS

COCCIÓN: 15 a 20 MINUTOS

Súper simple y rápido: SÍ

Puede congelarse: SÍ

Desaconsejado con aftas: NO

Fácil de transportar: SÍ

INGREDIENTES: *1 patata pequeña; 1/2 manzana granny smith; 1 calabacín; 1/2 pastilla de caldo de pollo; 1/2 yogur natural con bífidus; unas ramitas de cilantro (opcional); 1 cucharada de aceite de oliva; 1/2 cucharadita de comino en polvo; sal y pimienta.*

Pela la patata y córtala en dados. Lava el calabacín y córtalo en rodajas. Lava la media manzana y córtala en cuartos.

Calienta el aceite en una cacerola y rehoga la patata 2 minutos, junto con el calabacín y la manzana. Añade la media pastilla de caldo y cubre con agua, deja cocer 15 minutos, hasta que las verduras estén tiernas. Salpimienta ligeramente (piensa que la pastilla de caldo ya es salada) y agrega el comino.

Justo antes de servir, bátelo todo más o menos finamente, al gusto, e incorpora el yogur batido. Espolvorea con cilantro picado si lo deseas.

EL TRUCO. Caliente o fría (con una lámina de manzana para decorar), esta sopa es tan fácil de elaborar y de tomar que no podrás vivir sin ella.

PARA UN PLATO COMPLETO. Añade un huevo duro picado con algunos picatostes untados con queso fresco.

SOPA DE LENTEJAS, ESPINACAS, TOMATES Y ESPECIAS

De origen oriental, esta sopa aromática es rica en vegetales y saciante gracias a las lentejas.

PARA 1 PERSONA
PREPARACIÓN: 10 MINUTOS
COCCIÓN: 25 MINUTOS

- Súper simple y rápido: SÍ
- Puede congelarse: SÍ
- Desaconsejado con aftas: SÍ
- Fácil de transportar: SÍ

INGREDIENTES: ½ cebolla; 50 g de lentejas verdes, pardinas o rojas, cocidas (de tarro); ½ lata de tomates pelados al natural; 80 g de espinacas frescas o congeladas; 1 cucharadita de cúrcuma; 1 cucharadita de comino en polvo; unas ramitas de perejil; 1 cucharada de aceite de oliva; sal y pimienta.

Pela la cebolla y pícala. Lava las espinacas.

En una olla, calienta el aceite y dora la cebolla 5 minutos. Añade la cúrcuma, el comino y una pizca de pimienta. Incorpora las lentejas (si son de tarro deben enjuagarse), las espinacas y la lata de tomates. Cubre con agua. Deja cocer durante 20 minutos y, cuando esté lista, bátela y haz una crema. Rectifica de sal y pimienta, y espolvorea con el perejil picado.

> **EL TRUCO.** A esta sopa se le pueden añadir rodajitas de zanahoria o los restos de una ensalada, o sustituir las lentejas por garbanzos.
> **PARA UN PLATO COMPLETO.** Acompaña la sopa con un par de rebanadas de pan rústico, tostado, untadas con queso de cabra. También se pueden añadir a la sopa rodajitas de salchicha (al gusto, o de Frankfurt, tropezones de chorizo...).

SOPA CREMOSA DE MAÍZ A LA AMERICANA

Rica, untuosa, ligeramente azucarada, nutritiva… esta sopa es una delicia tradicional «made in USA» que te convencerá por su sabor.

PARA 1 PERSONA
PREPARACIÓN: 15 MINUTOS
COCCIÓN: 30 MINUTOS

- Súper simple y rápido: SÍ
- Puede congelarse: NO
- Desaconsejado con aftas: NO
- Fácil de transportar: SÍ

INGREDIENTES: *1 cebolla pequeña (o 1 cucharada colmada de cebolla picada); $1/4$ o $1/3$ de pimiento rojo; 1 patata mediana; 100 g de maíz escurrido; 15 cl de leche; 10 cl de nata líquida; 2 tiritas de beicon; 2 tiras de jamón de pavo (o de pechuga de pollo); $1/2$ pastilla de caldo de ave; 1 cucharada de aceite de oliva; pimienta.*

Pela y lava la patata y córtala en trozos medianos. Enjuaga el maíz y escúrrelo bien. Pela y pica la cebolla (o sácala picada del congelador). Lava el trozo de pimiento y córtalo en dados.

En una cacerola, calienta el aceite y dora la cebolla y el pimiento. Añade la patata y el caldo y cuece 20 minutos. Incorpora $3/4$ del maíz y prosigue la cocción 5 minutos más. Bátelo todo y vierte la leche, dejando cocer 3 minutos más, junto con el pavo o el pollo y el resto de maíz, para que la sopa espese.

En una sartén, dora el beicon hasta que esté crujiente y ponlo en papel absorbente.

En el momento de servir, agrega la nata líquida y el beicon cortado en trozos.

EL TRUCO. Puedes añadir perejil picado o cilantro, si lo deseas.

PARA UN PLATO COMPLETO. Muy copiosa y nutritiva, esta sopa te saciará y bastará con una fruta para completar el menú.

SOPA CHINA CON FIDEOS

Rehidratante y nutritiva, se come sola ¡y acaba siendo adictiva!

PARA 1 PERSONA
PREPARACIÓN: 10 MINUTOS
COCCIÓN: 10 MINUTOS

- Súper simple y rápido: SÍ
- Puede congelarse: NO
- Desaconsejado con aftas: NO
- Fácil de transportar: SÍ

INGREDIENTES: *1 trozo pequeño de pimiento rojo; ½ pastilla de caldo de pollo; 1 puñado de brotes de soja (preferiblemente frescos, si no, de tarro); 1 trozo de pechuga de pollo cocida (o restos de un pollo rustido, por ejemplo); 1 puñado de gambitas peladas; unas cuantas mazorcas mini (en conserva); 40 g de fideos chinos secos; aceite de sésamo tostado, unas ramitas de cilantro fresco (si lo deseas).*

Pon el pimiento rojo lavado en una cacerola, cortado en tiras, la pastilla de caldo desmenuzada y 30 cl de agua fría. Lleva a ebullición removiendo bien para que se deshaga bien la pastilla de caldo concentrado. Cuando hierva, agrega los fideos chinos, los brotes de soja, las mazorcas mini, la pechuga en tiras o las gambas peladas. Mezcla para que la pasta no se pegue y cubre. Deja cocer de 7 a 8 minutos.

Sirve directamente con un chorrito de aceite de sésamo y espolvorea con cilantro fresco si lo deseas.

EL TRUCO. Puedes añadir otras verduras en trozos: judías verdes, habas, guisantes, zanahorias, calabacín... como prefieras, todo estará delicioso y así podrás variar la sopa riquísima, equilibrada y saciante que acabamos de exponer.

PARA UN PLATO COMPLETO. ¡Ya es un plato completo! Pero si necesitas consumir muchas proteínas, no dudes en duplicar la cantidad de pollo o de gambas... ¡o mezclar ambas cosas!

VELUTÉ DELICIOSA DE COLIFLOR CON BRIE

Si la coliflor desprende un olor que no te gusta nada, piensa que su sabor es mucho más sutil… Si la soportas y la aprecias, intenta tomar esta crema nutritiva y decididamente sabrosa.

PARA 1 PERSONA
PREPARACIÓN: 10 MINUTOS
COCCIÓN: 15 a 20 MINUTOS

- Súper simple y rápido: SÍ
- Puede congelarse: NO
- Desaconsejado con aftas: NO
- Fácil de transportar: SÍ

INGREDIENTES: ¼ *de coliflor (o 2 puñados de ramitas de coliflor congelada); 1 patata mediana; 1 cucharadita de cúrcuma; 1 cucharada colmada de nata espesa; 1 trozo de brie sin la corteza (de 30 a 40 g); 1 cucharada de aceite de oliva; sal y pimienta.*

Corta la base de la coliflor, separa los ramitos y enjuágalos bien. Pela y lava la patata, córtala en trozos; calienta el aceite en una olla junto con la cúrcuma; agrega la coliflor y la patata. Cubre de agua y cuece de 15 a 20 minutos.

Incorpora la nata líquida y el brie en trozos a la sopa caliente, bate bien para obtener la veluté (si queda muy espesa, añade un poco de agua o de leche para aligerarla), rectifica de sal y pimienta y sirve inmediatamente.

> **EL TRUCO.** Para reducir el olor durante la cocción, añade un trozo de pan a la olla mientras se cuece la coliflor (retíralo antes de batir).
> Sobre la misma base, si bates con menos caldo, obtendrás un delicioso puré espeso.
> **PARA UN PLATO COMPLETO.** Agrega jamón de york en taquitos o finas tiras de beicon ligeramente doradas en la sartén, para que estén crujientes.

SOPA MEXICANA CON POLLO Y TORTILLAS

Más o menos especiado, según el gusto personal, esta sopa tan poco habitual es una auténtica comida por sí sola y las tortillas le dan un toque divertido que gusta a todo el mundo.

PARA 1 PERSONA
PREPARACIÓN: 10 MINUTOS
COCCIÓN: 15 MINUTOS

- Súper simple y rápido: SÍ
- Puede congelarse: NO
- Desaconsejado con aftas: SÍ
- Fácil de transportar: SÍ

INGREDIENTES: *de 70 a 80 g de pechuga de pollo sin piel; 2 o 3 cucharadas de maíz en grano; 2 o 3 cucharadas de arroz; $\frac{1}{2}$ tarro de tomates pelados; 1 cebolla pequeña (opcional); 1 cucharadita de comino en polvo; $\frac{1}{2}$ pastilla de caldo de ave; $\frac{1}{4}$ de ramita de cilantro (o 2 cucharaditas de cilantro picado); $\frac{1}{2}$ limón; pimienta de cayena (opcional); de 6 a 10 tortillas mexicanas; 1 cucharada de aceite de oliva; sal.*

Corta la pechuga en tiras pequeñas. Pela y pica la cebolla. Lava y pica el pimiento.

Calienta el aceite en una cacerola y dora el pollo, la cebolla y el pimiento con el comino. Añade 250 cl de agua, los tomates, el arroz y el caldo. Deja cocer 15 minutos con la cacerola cubierta. Unos 5 minutos antes de finalizar la cocción, incorpora el maíz, el zumo de limón y sal-pimienta (si fuera necesario).

Sirve bien caliente, espolvoreado con cilantro picado y las tortillas en trozos.

EL TRUCO. Si te gustan y las digieres bien, puedes añadir unas judías pintas (de tarro, bien enjuagadas): ¡es delicioso!

PARA UN PLATO COMPLETO. Sirve con guacamole casero (aguacate, cebolla, limón y especias: pimienta cilantro comino…), frío y con más tortillas: es una mezcla de sabores verdaderamente agradable.

SOPA DE CARNE A LA ASIÁTICA (O NO)

La carne roja no siempre es fácil de comer cuando se está en tratamiento. Pero en esta receta, la carne resulta discreta y da prioridad a las verduras de primavera. Prueba con la versión clásica y, si te gusta la cocina exótica y encuentras los ingredientes necesarios con facilidad, te darás un buen gusto.

PARA 1 PERSONA

PREPARACIÓN: 15 MINUTOS

COCCIÓN: 15 a 25 MINUTOS

&- Súper simple y rápido: SÍ

❄ Puede congelarse: NO

➥ Desaconsejado con aftas: NO

✎ Fácil de transportar: NO

INGREDIENTES:

Versión clásica: *80 g de filete de ternera cortado muy fino (justo un poco más grueso que el* carpaccio*); 1 puñado de brotes de soja; 1 cebolleta tierna; 2 acelgas; 1 puñado de verdura verde al gusto (judías tiernas en trozos, guisantes, calabacín en rodajas...); ½ pastilla de caldo (de carne o de pollo); 1 cucharada de aceite de oliva.*

Versión asiática: *además de lo anterior, aceite de sésamo; una pizca de cilantro; ½ cucharadita de citronela picada; ½ cucharadita de jengibre rallado; ½ limón.*

Pela la cebolleta y su tallo. Lávalas y pícalas (la parte verde incluida). Enjuaga los brotes de soja.

En una cacerola, vierte 300 cl de agua y la pastilla de caldo. Lleva a ebullición y deja que vaya cociendo poco a poco.

Mientras, vierte el aceite en una sartén y saltea los trozos de carne y la cebolleta (para la versión asiática, incorpora también la citronela y el jengibre). Añade las acelgas, la verdura verde y luego los brotes de soja. Agrega el caldo por encima, justo hasta cubrir. Deja cocer de 10 a 20 minutos, dependiendo si te gusta la verdura crujiente o muy tierna. Sirve en un cuenco. (Versión asiática: vierte el zumo de

½ limón. Rocía con unas gotas de aceite de sésamo y espolvorea con cilantro picado).

EL TRUCO. Puedes usar una bolsa de verdura picada, congelada, para elaborar este plato. Es muy práctico y exprés.

PARA UN PLATO COMPLETO. Añade pasta: 1 o 2 puñaditos justo antes de verter el caldo, pasta italiana o china, como prefieras.

SOPA CREMOSA CON MEJILLONES

Elegante y original, ésta es una sopa sabrosa muy «marítima».

PARA 1 PERSONA
PREPARACIÓN: 25 MINUTOS
COCCIÓN: 30 MINUTOS

- Súper simple y rápido: NO
- Puede congelarse: NO
- Desaconsejado con aftas: NO
- Fácil de transportar: NO

INGREDIENTES: *250 o 300 g de mejillones enteros (o 125 g de mejillones sin valva); 1 puerro (la parte blanca); 75 g de champiñones de París; ¹/₂ vasito de vino blanco seco (optativo); ¹/₂ cebolla; 1 cucharadita de cúrcuma; 10 cl de nata líquida; unas hojitas de perejil; 2 cucharadas de aceite de oliva; pimienta.*

Lava el puerro y los champiñones, y córtalos en láminas. Pela la cebolla y pícala.

Limpia muy bien los mejillones.

Vierte el aceite en una sartén grande y dora un poco la cebolla. Incorpora el vino blando y lleva a ebullición. Añade los mejillones, cubre y deja cocer a fuego vivo de 7 a 8 minutos, para que se abran los mejillones. Retira del fuego, recupera los mejillones y resérvalos con el caldo de la cocción.

En la misma sartén, vierte 1 cucharada de aceite de oliva y la cúrcuma, y rehoga los puerros. Agrega los champiñones, el zumo de limón, ¹/₂ vaso de agua (10 o 15 cl), lleva a ebullición y deja cocer unos 15 minutos, aproximadamente.

Mientras, retira los mejillones de sus valvas.

Cuando el caldo esté cocido, incorpora los mejillones (reserva algunos para la presentación) y la nata. Bate hasta obtener una veluté muy lisa.

Sirve caliente con algunos mejillones enteros y unas cuantas hojas de perejil.

EL TRUCO. Sustituye la cúrcuma por curry o azafrán. Y para una cena chic, prepara esta sopa con antelación, ponla en cuencos individuales y cúbrelos con masa de hojaldre, para hornearlos 10 minutos antes de servir.

PARA UN PLATO COMPLETO. Esta sopa es rica en proteínas y saciante, aunque no lo parezca. Se puede completar, una vez batida, con arroz *thai* cocido.

SOPA DE CALABAZA Y ZANAHORIA AL RULO DE CABRA

Dulce y aterciopelada, casi azucarada, esta sopa de vitaminas es un clásico... aquí lo revisitamos para darle un toque de originalidad.

PARA 1 PERSONA
PREPARACIÓN: 10 MINUTOS
COCCIÓN: 25 MINUTOS

- Súper simple y rápido: SÍ
- Puede congelarse: SÍ
- Desaconsejado con aftas: NO
- Fácil de transportar: NO

INGREDIENTES: *100 g de calabaza; 1 zanahoria; ¹/₂ cebolla o 1 escalonia; 40 g de rulo de cabra; 5 ramitas de cebollino; 1 cucharada de avellanas picadas; 1 cucharada de aceite de oliva; sal y pimienta.*

Enjuaga la calabaza, retira las semillas y córtala en dados. Lava y pela la zanahoria y córtala en rodajas finas. Pela y pica la cebolla o la escalonia.

En una sartén, calienta el aceite de oliva y dora ligeramente la cebolla (o la escalonia). Añade los trozos de calabaza y de zanahoria, y rehógala 5 minutos. Después, cubre todo con agua y cuece 20 minutos, aproximadamente.

Mientras, lava y pica el cebollino, mézclalo con el rulo de cabra y añade pimienta negra con generosidad. Forma con esta pasta una croqueta grande y resérvala.

Cuando la sopa esté cocida, bátela bien y salpimienta. Sirve en un plato hondo con la croqueta de cabra encima y espolvorea con las avellanas picadas.

EL TRUCO. ¿Lo quieres más dulce? Pues bate la sopa con leche de coco, añade al queso de cabra un toque de curry y cilantro picado en vez de cebollino.

PARA UN PLATO COMPLETO. Agrega un huevo pochado (o pasado por agua) y unos picatostes de pan de cereales.

¡TODO FRESCO!

¿Tienes poco apetito, necesitas cosas frescas y que no huelan nada en absoluto? Pues pica estos entrantes, ensaladas, bocadillos y rollitos fríos, tan ligeros como sabrosos. Son perfectos para el verano o para llevar y poder hacer un pícnic sano y divertido, aunque sea en un pasillo del hospital.

SÁNDWICH AL PESTO

Del todo fríos o calentados al estilo «bikini», o tibios, estos sándwiches gustan siempre.

PARA 1 PERSONA (2 sándwiches)
PREPARACIÓN: 10 MINUTOS
COCCIÓN: 5 MINUTOS... ¡o ni uno!

🥄 Súper simple y rápido: SÍ
❄ Puede congelarse: NO
👄 Desaconsejado con aftas: NO
(*cuidado también con el pesto*)
🥄 Fácil de transportar: SÍ

INGREDIENTES: *4 rebanadas de pan de molde integral o con cereales; 1 cucharada de pesto; 1 tomate; mozzarella; 1 puñado de rúcula; 2 lonchas de jamón de York, de pavo o de pechuga de pollo, al gusto.*

Retira la corteza de las rebanadas, si es que la tienen. Lava el tomate y córtalo en rodajas finas. Enjuaga y pica la rúcula. Escurre la mozzarella y rállala un poco.

Unta las rebanadas de pan con una fina capa de pesto. Sobre dos de las rebanadas, coloca el jamón, la mozzarella, la rúcula y el tomate. Cubre con la otra rebanada de pan con pesto. Degústalo tan cual o pásalo por el horno o la sandwichera, como desees.

> **EL TRUCO.** Un sándwich que, crudo o tostado, siempre está delicioso y que puede llevarse en el bolso para tomarlo en cualquier sitio... Y si te gusta la albahaca, añádela, y con su frescor no sólo se te abrirá el apetito, sino que también se calmarán tus náuseas.

ENSALADA VERDE Y ROSA

¡Súper fácil y rapidísima, bonita y refrescante!

PARA 1 PERSONA
PREPARACIÓN: 10 MINUTOS
COCCIÓN: SIN COCCIÓN

- Súper simple y rápido: NO
- Puede congelarse: NO
- Desaconsejado con aftas: NO
- Fácil de transportar: SÍ

INGREDIENTES: $^1/_2$ aguacate maduro; 1 lata pequeña de maíz; 1 remolacha pequeña y cocida; 7 u 8 rábanos; $^1/_4$ de pepino; unos cuantos brotes de espinacas u hojas de canónigos; 1 rodaja de salmón cocido y ya frío o de salmón ahumado, si lo prefieres; $^1/_2$ tarrina de queso blanco individual; 1 cucharada de nata líquida; $^1/_2$ limón; 5 ramitas de cebollino (opcional); pimienta.

Pela la remolacha, córtala en dados (o rállala, como prefieras) y ponla en un cuenco. Añade el maíz enjuagado y escurrido. Mezcla y reserva.

Enjuaga y pica las espinacas o los canónigos; pela y pica el pepino en dados. Lava los rábanos y córtalos en rodajas. Pela los aguacates y córtalos en rodajas finas a lo largo.

En un cuenco, mezcla el queso con la nata y el zumo de limón, y agrega el cebollino picado y la pimienta.

Pon en el plato una base de espinacas. En el centro, coloca el salmón frío y reparte los dados de pepino, la preparación de maíz (que ya será rosa) y remolacha rallada y, finalmente, el aguacate en forma de flor. Distribuye las rodajas de rábano y sirve con la salsa aparte.

> **EL TRUCO.** El salmón frío casi no huele y su sabor es bastante neutro. De todas formas, si el pescado te causa horror, puedes sustituirlo por pechuga de pollo, jamón York, huevo duro u otra cosa que se te ocurra y te apetezca.

ROLLITOS DE PRIMAVERA SÚPER FRESCOS

Dulces, sabrosos y saciantes, te llevan a otro mundo con cada bocado.

PARA 1 PERSONA (2 rollitos)
PREPARACIÓN: 15 MINUTOS
COCCIÓN: 3 MINUTOS

☞ Súper simple y rápido: NO
❄ Puede congelarse: NO
👄 Desaconsejado con aftas: NO (*salvo el cangrejo, que deberías sustituir por pechuga o jamón York*)
✥ Fácil de transportar: SÍ

INGREDIENTES: *2 tortas de arroz vietnamitas; 1 puñadito de brotes de soja frescos; 20 g de fideos de arroz; 4 hojas de lechuga crujiente (iceberg, por ejemplo); 60 o 70 g de carne de cangrejo (fresca o congelada); 2 ramitas de menta (o 1 cucharadita de menta picada); 2 ramitas de cilantro (o 1 cucharadita de cilantro picado); 1 rodaja de piña (fresca o en conserva al natural); 1/2 zanahoria pequeña; salsa para los nems o rollitos.*

Lleva a ebullición agua en una olla pequeña y añade los fideos, apaga el fuego y cubre la olla. Deja reposar 3 o 4 minutos y pásalos por agua fría para detener la cocción. Escúrrelos y ponlos en una fuente.

Lava la zanahoria y rállala. Enjuaga los brotes de soja, escúrrelos e incorpóralos a los fideos, junto con la zanahoria, el cangrejo y la piña cortada en dados, la menta y el cilantro, mezclando bien todo.

Pasa una torta por agua fría para ablandarla y colócala plana en un paño limpio y seco. Coloca, en el centro, la mitad de la preparación de fideos, junto con 2 hojas de lechuga. Enrolla la torta y ciérrala por los lados, formando los rollitos de primavera. Repite la operación con la otra torta. Degusta inmediatamente con la salsa para *nems* (o resérvalos en la nevera envueltos en film transparente).

EL TRUCO. Puedes sustituir el cangrejo por pechuga de pollo cocida, desmenuzada o picada.

CARPACCIO DE VIEIRAS CON FRUTAS

Ricas en proteínas, las vieiras tienen un lado festivo muy beneficioso y, así preparadas, forman un plato apetitoso y súper vitaminado.

PARA 1 PERSONA
PREPARACIÓN: 15 MINUTOS
COCCIÓN: SIN COCCIÓN

- Súper simple y rápido: NO
- Puede congelarse: NO
- Desaconsejado con aftas: SÍ
- Fácil de transportar: NO

INGREDIENTES: *100 g de vieiras sin valva (frescas o congeladas); 1 naranja; ½ aguacate; unas ramitas de cilantro; 1 cucharada de aceite de oliva; sal y pimienta.*

Si las vieiras son congeladas, descongélalas (pero no mucho, para que mantengan la carne firme) y córtalas en láminas finas, de unos 3 mm de grosor. Dispónlas alrededor de un plato.

Corta la naranja por la mitad; exprime una mitad y reserva el zumo. Pela la otra mitad eliminando cualquier resto de membrana blanca y retira los gajos con cuidado. Colócalos sobre las vieras.

Pela el aguacate y córtalo en láminas finas, disponiéndolas en paralelo. Vierte aceite al zumo de naranja y salpimienta ligeramente. Bátelo bien e incorpora la vinagreta al *carpaccio*. Decora con el cilantro y sirve bien fresco.

> **EL TRUCO.** Si te gusta y te ves capaz, añade a la salsa un poco de pulpa y zumo de fruta de la pasión; incluso puedes poner láminas de mango... ¡quedará más exótico!

CEVICHE DE PESCADO

Una receta aromatizada y suave, súper fresca, que permite comer pescado blanco con facilidad (sin olores).

PARA 1 PERSONA

PREPARACIÓN: 15 MINUTOS

COCCIÓN: SIN COCCIÓN

MARINADA: 6 HORAS

Súper simple y rápido: SÍ

Puede congelarse: NO

Desaconsejado con aftas: SÍ

Fácil de transportar: NO

INGREDIENTES: *100 a 150 g de pescado blanco (bacalao, emperador, lubina...); 1 tomate; 2 limones; $1/2$ aguacate; 1 cebolleta tierna o roja (si no la soportas no la pongas); 5 ramitas de cilantro (o cilantro picado); 3 o 4 aceitunas (opcionales); una pizca de orégano; 1 $1/2$ cucharada de aceite de oliva; una pizca de sal y de pimienta.*

Enjuaga y seca el pescado, y córtalo en dados. Exprime 2 limones y vierte el zumo sobre el pescado. Cubre con film transparente y deja que se marine en la nevera durante, al menos, 6 horas (con eso se cocerá).

Lava el tomate y córtalo en dados.

Escurre el pescado, conserva la mitad de la marinada y añádele aceite, sal y pimienta, orégano y la cebolla pelada y muy picada.

Agrega a esta salsa el pescado, los tomates, el aguacate pelado y cortado en dados, el cilantro picado y las aceitunas sin hueso cortadas en 4. Mezcla bien y sirve inmediatamente.

EL TRUCO. Este plato puede convertirse, servido en tarrinas, en un entrante elegante para una cena en casa. Podemos prepararlo el día anterior o por la mañana si lo servimos por la noche. ¡Es muy práctico!

ENSALADA CÉSAR

Típicamente americana, esta deliciosa ensalada es un plato completo muy agradable, lleno de sabores, proteínas y vitaminas.

PARA 1 PERSONA
PREPARACIÓN: 20 MINUTOS
COCCIÓN: 10 MINUTOS

- Súper simple y rápido: NO
- Puede congelarse: NO
- Desaconsejado con aftas: NO
- Fácil de transportar: SÍ

INGREDIENTES: *1 puñado de brotes tiernos de espinacas (en su defecto, lechuga crujiente tipo iceberg o romana); 1 rebanada de pan de cereales; 1 trozo de parmesano; 6 tomates cherry; 3 filetes de pollo; 1 cucharadita de semillas de sésamo rubio; aceite de oliva; 1 huevo; 2 cucharadas de vinagre de vino blanco; 1 cucharadita de salsa Worcester; 1 cucharadita de mostaza suave; 1/2 diente de ajo (opcional); 3 ramitas de cebollino (opcional); sal y pimienta.*

Lava los brotes de espinacas (o de lechuga) y escúrrelos. En una sartén, vierte 1 cucharada de aceite de oliva y saltea los filetes de pollo a fuego fuerte para dorarlos, y luego a fuego bajo para que se cuezan por dentro. Resérvalos. En la misma sartén, tuesta el pan, cortado en dados, como si se tratara de picatostes.

Ralla el parmesano.

En un cuenco, pon la yema del huevo y la mostaza, salpimienta y mezcla bien y luego incorpora el resto de aceite en un hilillo, batiendo, hasta obtener una mayonesa. Detente cuando tengas medio cuenco de salsa firme. Añade el vinagre y el ajo finamente picado, bate un poco más y termina con la salsa Worcester, la mitad del parmesano rallado y el cebollino picado.

A fuego lento, pon los filetes y el pan a calentar.

Reparte la ensalada en el plato y pon, en el centro, 3 o 4 cucharadas de salsa. Rodea todo con los tomatitos cherry cortados por la mitad, los filetes de pollo dorados y los picatostes. Espolvorea el resto del parmesano y el sésamo tostado. Sirve inmediatamente.

EL TRUCO. Puedes añadir bacon tostado, si te gusta, o sustituir el sésamo por anacardos.

ENSALADA DE VERDURA ASADA AL RULO DE CABRA

¡Fresco, todo fresco! Esta ensalada, simple y sabrosa, será un imprescindible en tu alimentación, acompañada de una carne o de un pescado asado. Es un plato tan completo como ligero.

PARA 1 PERSONA
PREPARACIÓN: 15 MINUTOS
COCCIÓN: 10 MINUTOS
MARINADA: 2 HORAS

&- Súper simple y rápido: SÍ
❄ Puede congelarse: NO
👄 Desaconsejado con aftas: NO
✎ Fácil de transportar: NO

INGREDIENTES: *1 calabacín pequeño; $1/_2$ berenjena; $1/_2$ pimiento rojo; $1/_2$ pimiento amarillo; 40 g (más o menos) de rulo de cabra; 3 cucharadas de aceite de oliva; 1 cucharada de albahaca picada; 1 cucharada de piñones o de avellanas picadas (opcional); 1 diente de ajo (opcional); $1/_2$ cuarto de limón; 1 rebanada de pan de cereales.*

Lava la verdura y córtala en rodajas de 1 cm de grosor (con la piel). Calienta el grill del horno, vierte sobre la verdura un chorrito de aceite y ásala, unas tras otras, unos 10 minutos. Resérvalas en una bandeja con papel absorbente.

Colócalas en una bandeja honda y rocía con 2 cucharadas de aceite, incorpora la albahaca, el ajo pelado, sin germen y majado (opcional), cubre con film transparente y deja que se marine 2 horas a temperatura ambiente.

Coloca las verduras de manera decorativa en un plato individual, vierte la marinada, desmiga por encima el rulo de cabra y, si te apetece, esparce piñones o avellanas. Sirve con el limón y la rebanada de pan.

EL TRUCO. ¿Fatiga o agotamiento? Prepara la receta en dos o tres veces, o comprando las verduras ya asadas, congeladas: son súper prácticas. Si no te gusta el rulo de cabra, sustitúyelo por parmesano o por mozzarella.

ENSALADA FRÍA DE QUINOA

Fácil y práctica, tanto de comer como de llevar, esta ensalada fresca aporta una buena ración de proteínas y fibras; además resulta muy agradable en boca.

PARA 1 PERSONA
PREPARACIÓN: 15 MINUTOS
COCCIÓN: 15 MINUTOS

Súper simple y rápido: SÍ
Puede congelarse: NO
Desaconsejado con aftas: NO
Fácil de transportar: SÍ

INGREDIENTES: *60 g de quinoa; ½ pepino; 1 zanahoria pequeña; 1 tomate (o 7 tomates cherry); 100 g de gambas peladas; 3 ramitas de menta; 4 ramitas de perejil; 50 g de judías tiernas cocidas (frescas o congeladas); 1 limón; 1 cm de raíz de jengibre (opcional); 2 cucharadas de aceite de oliva; sal y pimienta.*

Enjuaga la quinoa y ponla en una cacerola con 1,5 veces su volumen en agua fría con un poco de sal. Lleva a ebullición, baja el fuego y deja cocer 10 minutos. Apaga el fuego y deja que la quinoa aumente de tamaño 5 minutos más, con la cacerola cubierta. Después, pásala por agua fría para detener la cocción, escúrrela y ponla en una fuente.

Pela el pepino, retira las semillas y córtalo en trozos pequeños. Lava el tomate y córtalo en dados, que luego pasarás por el pasapuré (si usas tomates cherry, córtalos en 2 o en 4 cuartos). Pela y ralla la zanahoria. Corta las judías en trozos de 1,5 cm, más o menos.

Lava y pica la menta y el perejil.

Vierte el zumo de limón en un cuenco y añade el aceite, la sal y la pimienta. Bate enérgicamente. Incorpora el jengibre pelado y rallado.

Añade a la fuente los dados de tomate y de pepino, la zanahoria rallada, las judías tiernas, las hierbas, las gambas y la salsa. Mezcla con cuidado e introduce en la nevera hasta el momento de servir.

EL TRUCO. Si te gusta, puedes añadir algunas aceitunas negras y feta desmenuzado para convertirla en un plato completo.

ENSALADA DE BUEY PICADO A LA *THAI*

Si esta receta requiere una visita a un supermercado de productos chinos, no hay duda de que te resultará rentable el paseo, porque la cocinarás muchas veces, dado su sorprendente sabor.

PARA 1 PERSONA
PREPARACIÓN: 20 MINUTOS
COCCIÓN: 5 MINUTOS

- Súper simple y rápido: NO
- Puede congelarse: NO
- Desaconsejado con aftas: SÍ
- Fácil de transportar: SÍ

INGREDIENTES: *80 g de carne picada con 5 % MG; 70 g de fideos de arroz; 1/2 cogollo de lechuga; 1 diente de ajo pequeño (opcional); 1/4 de cebolla roja; 1/4 de pimiento rojo; 1 cm de jengibre; 1 cucharadita de citronela picada; 3 ramitas de cilantro; 1 ramita de albahaca* thai *(opcional); 2 cucharadas de nuoc-mâm (salsa de pescado); 1/2 limón verde; 1 cucharada de aceite de colza; 8 anacardos.*

Lleva a ebullición agua y añade los fideos. Apaga el fuego y deja cocer 2 minutos más. Enjuaga los fideos con agua fría para detener la cocción y escúrrelos.

Lava la lechuga y córtala en tiras finas. Pela la cebolla y pícala. Enjuaga el pimiento y córtalo en dados. Pela y pica el ajo (opcional) y el jengibre.

Mezcla el *nuoc-mâm* en un cuenco, junto con el aceite, el zumo de limón, el ajo, el cilantro y la albahaca (opcional) picados, el jengibre y la citronela.

Asa la carne picada al grill (separándola con un tenedor), reserva cubierta para que se mantenga caliente.

En una fuente grande o una bandeja honda, pon los fideos fríos, la lechuga cortada, la cebolla y el pimiento, y mezcla bien. Añade la carne de buey tibia y rocíala con la salsa. Esparce los anacardos. Sirve inmediatamente.

EL TRUCO. Puedes sustituir el buey por pollo asado, o por gambas, o mezclar carne y marisco para conseguir sabores más originales. ¡Está delicioso!

AGUACATE DE FIESTA

Las grasas buenas del aguacate, la suavidad, la ligereza... ¡Una receta sencilla que marca la diferencia!

PARA 1 PERSONA (1 aguacate)
PREPARACIÓN: 10 MINUTOS
COCCIÓN: SIN COCCIÓN

🌶 Súper simple y rápido: SÍ
❄ Puede congelarse: NO
👄 Desaconsejado con aftas: SÍ
🥄 Fácil de transportar: NO

INGREDIENTES: *1 aguacate; ½ manzana granny; 60 g de cangrejo (fresco o congelado); 1 tarrina de queso blanco; ½ limón; una pizca de pimienta de cayena; 3 ramitas de cebollino picado (u otra hierba de tal gusto).*

Corta el aguacate por la mitad, retira el hueso y retira delicadamente la pulpa (conservando la piel). Corta la pulpa en dados, que reservarás en un cuenco.

Pela la manzana y rállala ligeramente. Escurre el cangrejo, incorpóralo al aguacate, junto con la manzana y el queso. Añade el zumo de limón y la pimienta, y mezcla bien.

Rellena las mitades de aguacate con la preparación y espolvorea con el cebollino picado.

> **EL TRUCO.** Puedes servir esta preparación en copas o tarrinas transparentes. Si los aguacates tienen que esperar un rato, consérvalos en la nevera cubiertos con film transparente.

PLATOS COMPLETOS

Apetitosos, nutritivos y de rápida preparación, estos platos de toque retro, tradicionales o exóticos, van a devolverte el buen humor en la mesa... sin complicarte la vida en absoluto.

PAPILLOTE DE BACALAO A LA PROVENZAL

Un pescado fácil de comer, sin olores desagradables, con aromas provenzales... ¡Este plato se adora y se come fácilmente!

PARA 1 PERSONA
PREPARACIÓN: 5 MINUTOS
COCCIÓN: 15 MINUTOS

Súper simple y rápido: SÍ
Puede congelarse: NO
Desaconsejado con aftas: NO
Fácil de transportar: SÍ

INGREDIENTES: *120 g de filete de bacalao; 1 tomate; ¹/₂ limón bio; ¹/₂ ramita de hinojo; 6 o 7 aceitunas negras; 1 cucharada de aceite de oliva; una pizca de hierbas aromáticas (albahaca, tomillo, romero...); sal y pimienta.*

Precalienta el horno a 220 °C.

Enjuaga el tomate, córtalo en dados y pásalos por el pasapurés para que pierdan el líquido. Enjuaga el bacalao y verifica que no tenga espinas (si las tienes, quítalas con cuidado). Enjuaga el hinojo y córtalo finamente; corta el ¹/₂ limón en 4 trozos.

Sobre una hoja grande de papel sulfurizado o un papillote de silicona, coloca el bacalao, los trozos de tomate bien escurrido, los trozos de hinojo, las aceitunas, el limón y las hierbas. Añade un chorrito de aceite, sal y pimienta. Introdúcelo en el horno durante 15 minutos. Sirve tal cual.

> **EL TRUCO.** Puedes preparar esta receta con cualquier pescado (incluso salmón o atún), según el precio que encuentres en el mercado. Con un poco de arroz o una patata chafada, es un plato simple y delicioso.

PAPILLOTE DE POLLO CON ENDIVIAS CARAMELIZADAS

Ligeramente dulces, las endivias son suaves y cremosas... ¡Y ésa es su originalidad!

PARA 1 PERSONA
PREPARACIÓN: 10 MINUTOS
COCCIÓN: 15 MINUTOS

- Súper simple y rápido: SÍ
- Puede congelarse: NO
- Desaconsejado con aftas: NO
- Fácil de transportar: NO

INGREDIENTES: *120 g de pechuga de pollo o 4 solomillos pequeños; 2 endivias; 1 cucharada de miel; ½ de naranja; 1 cucharada de nata líquida espesa (opcional); 1 cucharada de aceite de oliva; sal y pimienta.*

Enjuaga las endivias y córtalas en tiras finas. En una sartén, vierte el aceite y agrega las endivias. Cuando empiecen a ponerse mustias, añade el zumo de ½ naranja y la miel. Deja que se caramelice durante 10 minutos.

Mientras, precalienta el horno a 210 °C. Engrasa una hoja de papel sulfurizado o un papillote de silicona. Abre la pechuga por la mitad para que no sea demasiado gruesa (si son solomillos no hará falta).

Apaga el fuego de las endivias, colócalas en el centro del papillote, pon encima la pechuga, salpimienta y cierra el papillote herméticamente.

Hornea durante 20 minutos. Degusta inmediatamente, en el mismo papillote, con la nata líquida para que sea aún más dulce.

EL TRUCO. En primavera, sustituye las endivias por hinojo anisado, es muy agradable y ayuda a combatir las náuseas.

PAPILLOTE DE SALMÓN COCO-CITRONELA

Una receta original, suave y sabrosa... ¡Entra sola!

PARA 1 PERSONA
PREPARACIÓN: 10 MINUTOS
COCCIÓN: 10 MINUTOS

- Súper simple y rápido: SÍ
- Puede congelarse: NO
- Desaconsejado con aftas: NO
  (si soportas el limón)
- Fácil de transportar: NO

INGREDIENTES: *100 g de lomo de salmón (preferiblemente salvaje); 3 cucharadas de leche de coco; ¹/₂ cucharada de citronela picada (fresca o congelada); ¹/₂ cucharadita de jengibre fresco (o congelado) picado; unas hojitas de cilantro: 1 chorrito de zumo de limón; sal y pimienta.*

Precalienta el horno a 201 °C.

Corta el salmón en dados, con cuidado para que no queden espinas. Colócalos en el centro de un trozo de papel sulfurizado o de un papillote de silicona. Añade la leche de coco, la citronela, el jengibre, el cilantro, una pizca de sal, el zumo de limón y la pimienta, y cierra el papillote. Hornea durante 10 minutos.

Degusta inmediatamente con un arroz *thai* o salvaje.

> **EL TRUCO.** Puedes elaborar esta receta con cualquier pescado blanco, fresco o congelado, si el salmón no te gusta o si quieres variar.

TARTA AL TOMATE

Fácil.

PARA 1 TARTA
PREPARACIÓN: 10 MINUTOS
COCCIÓN: 40 a 45 MINUTOS

- Súper simple y rápido: NO
- Puede congelarse: SÍ
- Desaconsejado con aftas: SÍ (*salvo si toleras el tomate cocinado*)
- Fácil de transportar: SÍ

INGREDIENTES: *1 hoja de masa (preferiblemente de hojaldre o brise); 5 tomates grandes; 1 bote pequeño de pesto con aceite de oliva; 4 cucharadas de parmesano rallado; 2 cucharadas de pan rallado; unas hojitas de albahaca; aceite de oliva; pimienta.*

Precalienta el horno a 210 °C.

Lava los tomates, córtalos en rodajas finas y escúrrelas delicadamente en un colador para que pierdan el líquido (el jugo cortaría la masa).

Extiende la masa en una hoja de papel sulfurizado y dispón sobre ella una fina capa de pesto.

Coloca las rodajas de tomate bien escurridas y superponiéndose unas con otras. Espolvorea con el parmesano rallado y un poco de pan rallado. Rocía con un chorrito de aceite de oliva y salpimienta al gusto.

Hornea de 40 a 45 minutos. Sirve caliente, tibio o frío, como prefieras.

EL TRUCO. Para una comida más chic, puedes disponer esta receta en platos individuales, con un poco de ensalada.

PURÉ DE LENTEJAS CORAL A LA CÚRCUMA Y EL CILANTRO

Un plato suave y consistente.

PARA 1 PERSONA
PREPARACIÓN: 10 MINUTOS
COCCIÓN: 30 MINUTOS

- Súper simple y rápido: SÍ
- Puede congelarse: NO
- Desaconsejado con aftas: NO
- Fácil de transportar: SÍ
  (Si lo puedes recalentar)

INGREDIENTES: *75 cl de lentejas coral; ¹/₂ cebolla pequeña; ¹/₂ pastilla de caldo; 1 cucharadita de cúrcuma; 2 cucharadas de leche de coco (y si no te gusta, usa nata líquida); ¹/₄ de ramita de cilantro (opcional); 1 cucharada de aceite de oliva; pimienta.*

Enjuaga bien las lentejas coral hasta que el agua salga completamente clara. Escúrrelas. Pela y pica la cebolla.

En una cacerola, calienta el aceite y añade la cúrcuma, un poco de pimienta (al gusto) y la cebolla picada. Dora 3 minutos a fuego medio y luego agrega las lentejas; prosigue la cocción 2 minutos más.

Incorpora la pastilla de caldo desmenuzada y 150 ml de agua. Deja cocer a fuego lento durante 25 minutos, hasta que las lentejas se vayan deshaciendo y formen un puré.

Vierte la leche de coco (o la nata líquida), deja que espese un poco más y rectifica de sal y pimienta, si fuera necesario. Sirve espolvoreado con cilantro picado.

EL TRUCO. Si la sola idea de dorar la cebolla te produce arcadas, olvídalo. Las lentejas no huelen apenas. Y si quieres un puré más fino, perfectamente liso, pásalo por el pasapurés justo antes de servir.

Si te sobra puré, añádele $1/2$ lata de tomate al natural, calienta y bate (con un poco de agua) hasta obtener una sopa veluté reconfortante.

ROLLITOS A LA ITALIANA

Suave y refrescante, con aromas mediterráneos, estos rollitos entran solos. ¡Unos bocaditos de «dolce vita» que nos sientan de maravilla!

PARA 1 PERSONA
PREPARACIÓN: 10 MINUTOS
COCCIÓN: 25 MINUTOS

☙ Súper simple y rápido: SÍ
❋ Puede congelarse: NO
🖝 Desaconsejado con aftas: NO
🖊 Fácil de transportar: NO

INGREDIENTES: $1/_3$ de bolsa de berenjenas asadas congeladas; 60 g de mozzarella; 2 lonchas de jamón York muy finas; $1/_2$ tarro de pesto o 10 hojas de albahaca picadas; $1/_2$ vaso de vino blanco (o de agua con $1/_2$ pastilla de caldo); pimienta.

Descongela las tiras de berenjena. Ralla la mozzarella. Corta las lonchas de jamón en tiras.

Precalienta el horno a 200 °C.

Sobre cada trozo de berenjena, extiende un poco de pesto o de albahaca picada, una tira de jamón y un poco de mozzarella. Espolvorea con pimienta. Enrolla cada tira de berenjena lo más prieta que puedas y asegúrala con un palillo.

Coloca los rollitos juntos en una bandeja refractaria y rocíalos con vino blanco (o caldo). Cubre con papel de aluminio y hornea 25 minutos.

> **EL TRUCO.** Si no tienes mozzarella, sustitúyela por cualquier queso fresco y suave. Si la berenjena no te gusta, añade calabacín.

ARROZ DELICIOSO CON TOMATE CALIENTE O FRÍO

Un plato suave y retro, saciante y fácil de comer, simple, rápido y económico... ¡Lo tiene todo para gustarte!

PARA 1 PERSONA
PREPARACIÓN: 10 MINUTOS
COCCIÓN: 25 MINUTOS

☙ Súper simple y rápido: SÍ
❄ Puede congelarse: NO
🖙 Desaconsejado con aftas: SÍ
🖎 Fácil de transportar: SÍ

INGREDIENTES: *70 g de arroz crudo; ½ lata de salsa de tomate espesa (75 g más o menos); ½ bola de mozzarella; 2 o 3 ramitas de albahaca; sal y pimienta.*

En una cacerola de agua hirviendo con sal, cuece el arroz *al dente*, según el tiempo que indica el envase. Después, escúrrelo.

Precalienta el horno a 200 °C.

Incorpora la salsa de tomate y mezcla bien. Añade la albahaca picada. Ralla la mozzarella. Incorpora bien la mitad del arroz con el tomate y disponlo en una bandeja refractaria o en bandejas individuales. Esparce el resto de la mozzarella.

Dora en el horno de 10 a 15 minutos. Degústalo caliente o tibio.

> **EL TRUCO.** Puedes añadir al arroz, al gusto, jamón en tiras o atún en conserva (bien escurrido), para aumentar la ración de proteínas.

PURÉ DE CALABAZA Y ZANAHORIA CON NUBES DE POLLO

Un puré untuoso, casi dulzón, un pollo con miel y naranja, aromático y cremoso... Todo un plato para suavizar las papilas y subir la moral.

PARA 1 PERSONA
PREPARACIÓN: 15 MINUTOS
COCCIÓN: 25 MINUTOS

🍃 Súper simple y rápido: NO
❄ Puede congelarse: NO
💋 Desaconsejado con aftas: NO
✎ Fácil de transportar: NO

INGREDIENTES: *100 o 150 g de calabaza; 1 patata pequeña; 2 zanahorias; 100 g de pechuga de pollo; 1 naranja; 1 cucharadita de miel; 1 cucharadita de cúrcuma: unas ramitas de cilantro (opcional); 1 cucharada de aceite de avellana o de sésamo (opcional); 2 cucharadas de aceite de oliva; sal y pimienta.*

Lava la calabaza, pela y lava la patata, y pela las zanahorias. Corta estas verduras del mismo tamaño.

En una cacerola, calienta 1 cucharada de aceite de oliva, la cúrcuma y un poco de pimienta. Después, añade las verduras, saltéalas y cubre con agua. Deja cocer con la cacerola cubierta, a fuego lento, de 15 a 20 minutos.

Corta la pechuga en filetes muy finos. Calienta aceite en una sartén y dora el pollo a fuego vivo. Salpimienta ligeramente y añade el zumo de naranja y la miel. Remueve bien para rebozar las tiras de pollo. Baja el fuego y deja que se caramelice poco a poco.

Verifica la cocción de las verduras y, si están tiernas, escúrrelas reservando el líquido de cocción. Si lo deseas, cháfalas con un tenedor o pásalas por el pasapuré, diluyendo un poco de caldo si fuera necesario. Rectifica de sal si fuera necesario.

Sirve el puré con los trozos de pollo caramelizados, añadiendo, si lo deseas, unas gotas de aceite de avellana o de sésamo (que dan mucho sabor) y un poco de cilantro.

EL TRUCO. Sirve en cazuelitas individuales con una rodaja de naranja para decorar, así tendrás un plato festivo. Puedes añadir al pollo, al final de la cocción, 1 cucharada de sésamo tostado.

CANELONES DE ESPINACAS CON RICOTTA

Un plato vegano pero muy completo, con los sabores de Italia, nutritivo pero suave.

PARA 1 PERSONA
PREPARACIÓN: 15 MINUTOS
COCCIÓN: 30-35 MINUTOS

☞ Súper simple y rápido: NO
❄ Puede congelarse: SÍ
🥄 Desaconsejado con aftas: SÍ
✎ Fácil de transportar: NO

INGREDIENTES: *2 placas de lasaña frescas (blandas); 150 g de espinacas frescas; 75 g de ricotta o de queso de cabra fresco; 1 lata de tomate triturado; ½ cebolla; ½ mozzarella; 1 cucharada de pesto: 1 cucharada sopera de aceite de oliva; sal y pimienta.*

Lava las espinacas, escúrrelas y cuécelas a fuego vivo hasta que se deshagan (5 minutos más o menos). Escúrrelas en un colador (puedes reservar el líquido para el fondo de una sopa), presionándolas para eliminar la mayor parte de agua. Viértelas en una fuente, añade la ricotta, mezcla con cuidado y salpimienta.

Pela y pica la cebolla.

Calienta aceite y dora la cebolla, durante 5 minutos; luego agrega los tomates con su jugo y el pesto. Deja cocer sin cubrir el recipiente, unos 10 minutos, hasta que la salsa reduzca y salpimienta un poco.

Precalienta el horno a 210 °C.

Coloca la mitad de la preparación en el centro de una placa y haz un rollo con ella. Pon el canelón en una bandeja refractaria, con el borde hacia abajo. Repite con el segundo canelón.

Vierte salsa de tomate sobre los canelones y espolvorea con mozzarella rallada.

Hornea 20 o 25 minutos, justo para que la mozzarella se dore. Verifica la cocción con un cuchillo.

Degusta frío o caliente.

EL TRUCO. Si no soportas el tomate, sustituye la salsa por una bechamel con nuez moscada rallada. Y si deseas que sea más sabroso, cambia la mozzarella por parmesano.

QUICHE DE ATÚN Y VERDURA

Plato completo y familiar, la quiche se puede preparar de todas las formas imaginables. Aporta verduras (fibra) y permite tomar pescado con facilidad. ¡Imprescindible!

PARA 1 PERSONA
PREPARACIÓN: 30 MINUTOS
COCCIÓN: 40 MINUTOS
REPOSO: 30 MINUTOS

🌶 Súper simple y rápido: SÍ
❄ Puede congelarse: SÍ
🐟 Desaconsejado con aftas: NO
📦 Fácil de transportar: SÍ

INGREDIENTES: *Para la masa:* 180 g de harina; 4 cucharadas de aceite de oliva; ½ vaso de agua tibia; 2 cucharadas de sésamo tostado; 1 cucharada de cúrcuma; 1 cucharadita de sal y pimienta.
Para el relleno: 1 lata de atún al natural; 1 zanahoria; 1 calabacín; 1 hinojo; 1 cucharada de aceite de oliva; 2 huevos; 20 cl de nata líquida (puede ser vegetal) y pimienta.

Pon la harina en una fuente, añade la sal, el sésamo, la cúrcuma y pimienta recién molida. Mezcla bien. Vierte el aceite y amasa, incorporando progresivamente ½ vaso de agua tibia, hasta obtener una bola de masa elástica. Extiéndela en un molde antiadherente engrasado y déjala reposar 30 minutos.

Mientras, precalienta el horno a 210 °C. Lava y pela la zanahoria, enjuaga el calabacín y rállalos. Lava el hinojo y pícalo muy fino. En una sartén, calienta aceite y rehoga las verduras. Cuando estén cocidas, incorpora el atún escurrido.

Bate los huevos con la nata y una pizca de pimienta.

Sobre la masa colocada en el molde, pon la verdura con el atún, formando una capa uniforme. Hornea unos 40 minutos. Sirve caliente, tibio o frío, como prefieras.

EL TRUCO. Puedes sustituir el atún por jamón o por pechuga de pollo, e incluso por salmón natural.

BROCHETA DE CERDO CON MIEL CON ENSALADA DE VITAMINAS

Un plato fresco, entre dulce y salado, que permite comer carne tierna y magra con facilidad, que aporta líquido, fibra y vitaminas gracias a la verdura crujiente y aromática que contiene.

PARA 1 PERSONA

PREPARACIÓN: 20 MINUTOS

COCCIÓN: 10 MINUTOS

ADOBO: 1 HORA

 Súper simple y rápido: NO

❄ Puede congelarse: NO

 Desaconsejado con aftas: SÍ

 Fácil de transportar: NO

INGREDIENTES: *Para la carne:* *100 g de filete de cerdo o de solomillo; 1 cucharadita de miel; 1 naranja; 1 cm de jengibre; 1 cucharadita de cúrcuma; 1 cucharadita de salsa de soja (si la soportas y si puedes comer con sal); 1 cucharada de sésamo tostado (opcional); 1 cucharada de aceite de oliva; pimienta.*
Para la ensalada: *$^{1}/_{2}$ cogollo de lechuga; $^{1}/_{2}$ tomate; $^{1}/_{4}$ de pepino; $^{1}/_{4}$ de aguacate; $^{1}/_{4}$ de mango; $^{1}/_{2}$ limón; 3 rábanos; 3 ramitas de menta fresca; 1 cucharada de aceite de oliva.*

Corta la carne en dados de 3 cm aproximadamente. Exprime la naranja y vierte el zumo en un cuenco. Añade la miel, la cúrcuma, el sésamo, el aceite y la salsa de soja. Incorpora pimienta al gusto. Pela el jengibre y pícalo muy fino antes de añadirlo al adobo. Introduce los trozos de carne en el adobo y deja reposar cubierto con film transparente.

Pela el pepino, córtalo por la mitad a lo largo, retira las semillas y córtalo en dados. Lava el tomate y pícalo muy finamente, poniéndolo en un colador para que pierda el agua sobrante. Lava, escurre y corta la lechuga. Pela el aguacate y el mango, cortándolos en dados del mismo tamaño (como el pepino). Lava los rábanos, retira las hojas y córtalos en rodajas. Mezcla las verduras y las frutas, y rocíalas con zumo de limón y aceite. Pica la menta limpia y añádela a la ensalada. Remueve y reserva en frío.

En el momento de servir, retira la carne del adobo y pínchala en una brocheta, no demasiado junta. Hornéala como mínimo durante 10 minutos, dándole la vuelta de vez en cuando. Durante la cocción, recupera el fondo del adobo y lleva a ebullición en un cazo, a fuego lento, dejando que espese un poco.

Sirve las brochetas asadas con la ensalada fresca y un cuenco con la salsa del adobo.

EL TRUCO. Puedes elaborar esta receta con pechuga de pollo. Y para una cena elegante, pon la ensalada en copas individuales; sustituye las brochetas por palillos con mini brochetas, que colocarás encima de la ensalada. Puedes preparar la carne en adobo el día antes, pero la ensalada se debe elaborar 2 horas antes, como mucho.

TORRIJAS CON QUESO Y PERA

Una versión entre dulce y salada de las tradicionales torrijas de antaño, para chuparse los dedos.

PARA 1 PERSONA
PREPARACIÓN: 10 MINUTOS
COCCIÓN: 10 MINUTOS

- Súper simple y rápido: SÍ
- Puede congelarse: NO
- Desaconsejado con aftas: SÍ
- Fácil de transportar: NO

INGREDIENTES: 2 *rebanadas de pan de payés; 1 huevo; 10 cl de leche; 1/2 pera madura; 30 g de queso comté (o manchego); 10 g de mantequilla; pimienta.*

Ralla el queso. Pela la pera y córtala en rodajas finas.

Vierte la leche en un plato hondo. Bate el huevo en otro plato.

Calienta la mantequilla en una sartén a fuego medio.

Remoja, una a una, las rebanadas de pan en la leche (unos segundos, para que se empapen, por ambos lados), pásalas por el huevo y dóralas en la sartén por ambos lados. Cuando estén doradas, espolvorea por encima el queso, que se irá derritiendo.

Cuando el queso esté derretido, retira y pon las torrijas en un plato llano, con la pera encima. Degusta inmediatamente o cuando estén tibias.

> **EL TRUCO.** Si soportas los quesos fuertes, prueba con gorgonzola. ¡Está delicioso!

PATO CON UVAS

Un poco de carne rica en proteínas, con sabores dulces... ¡Viva el pato que alegra el paladar!

PARA 1 PERSONA
PREPARACIÓN: 5 MINUTOS
COCCIÓN: 7 MINUTOS

🦆 Súper simple y rápido: SÍ
❄ Puede congelarse: NO
👄 Desaconsejado con aftas: NO
✋ Fácil de transportar: NO

INGREDIENTES: *4 pechugas de pato; 12 uvas grandes; 1 cucharada de miel: 1 cucharadita de salsa de soja (opcional); 1 cucharada de aceite de oliva; sal y pimienta.*

Enjuaga la uva y corta cada grano por la mitad. Si lo deseas, retira las pepitas y la piel, pero no es necesario. Calienta el aceite en una sartén y dora las pechugas durante 3 minutos. Dales la vuelta e incorpora las uvas, la miel y la soja, y prosigue la cocción 3 minutos más. Salpimienta (si no has puesto soja) y sirve inmediatamente.

> **EL TRUCO.** Si no te gusta el pato, sustitúyelo por pechugas de pollo o por solomillo de cerdo.

BOLITAS DE AVE AL VAPOR CON CILANTRO Y MENTA

Sabores dulces que evitan las náuseas, sin olores, salvo el delicado aroma cuando se degusta: estas bolitas son perfectas para los días complicados.

PARA 1 PERSONA
PREPARACIÓN: 15 MINUTOS
COCCIÓN: 30 MINUTOS

🍳 Súper simple y rápido: SÍ
❄ Puede congelarse: SÍ
🫘 Desaconsejado con aftas: NO
✎ Fácil de transportar: NO

INGREDIENTES: *120 g de pechuga de pollo o de pavo, picadas; unas ramitas de cilantro; 5 hojas de menta; 1 calabacín pequeño; 1 huevo; ½ cucharadita de pimentón (opcional); sal y pimienta.*

Lava el calabacín y rállalo finamente. Mézclalo con la carne de ave picada y salpimienta.

Incorpora la menta y el cilantro lavados y picados, con el pimentón (si lo empleas). Mezcla con el huevo batido y forma bolitas. Cocina al vapor de 10 a 15 minutos.

> **EL TRUCO.** Puedes preparar muchas bolitas, sin cocerlas, y conservarlos congeladas por raciones. También puedes incorporar las bolitas a un caldo de verdura o de pasta (como en la sopa china con fideos, *véase* p. 86).

TORTAS VEGANAS

¿No te apetece la carne? No te fuerces y descubre estas deliciosas tortas veganas tan nutritivas...

PARA 1 PERSONA
PREPARACIÓN: 10 MINUTOS
COCCIÓN: 10-15 MINUTOS

🐌 Súper simple y rápido: SÍ
❄ Puede congelarse: SÍ
👄 Desaconsejado con aftas: SÍ
✌ Fácil de transportar: SÍ

INGREDIENTES: *1 patata pequeña; 1 zanahoria pequeña; 1 calabacín pequeño: 1 huevo grande (o 2 pequeños); 1 cucharadita de cúrcuma; 2 cucharadas de parmesano rallado; pimienta.*

Precalienta el horno a 200 °C.

Lava la verdura, pela la patata (pero no el calabacín ni la zanahoria; raspa esta última) y rállalas finamente. Añade pimienta, cúrcuma y el parmesano. Mezcla con el huevo.

Sobre una bandeja retractaria, forrada con papel sulfurizado, deposita cucharones de la preparación y hornea de 15 a 20 minutos, dando la vuelta a cada torta a mitad de cocción. (También puedes cocinarlas en una sartén con un poco de aceite de oliva, a fuego lento y luego a fuego vivo los últimos 5 minutos para dorarlas).

EL TRUCO. Sirve con una buena ensalada verde, crujiente, o con salsa de tomate o, si necesitas calorías, con nata líquida y cebollino picado.

CLAFOUTIS SALADO CON ZANAHORIAS EXÓTICAS

Entre dulce y salado, este plato retro es fácil de ingerir, se toma caliente, tibio o frío, y puede servir de guarnición o de plato principal ligero.

PARA 1 PERSONA

PREPARACIÓN: 10 MINUTOS

COCCIÓN: 40 a 50 MINUTOS

 Súper simple y rápido: SÍ

 Puede congelarse: NO

 Desaconsejado con aftas: NO

 Fácil de transportar: SÍ

INGREDIENTES: 150 g de zanahorias; 1 huevo; 10 cl de leche; 10 cl de nata líquida; 1 cucharada da Maicena; 1 cucharadita de cúrcuma; unas ramitas de cilantro; 1 cm de jengibre; 10 g de mantequilla; sal y pimienta.

Pela el jengibre y rállalo muy finito. Lava y pela las zanahorias y córtalas en juliana. Derrite la mantequilla en una cacerola, añade la cúrcuma y el jengibre picado, luego las zanahorias y saltea 3 o 4 minutos. Cubre con agua y deja cocer 15 minutos, más o menos, hasta que la zanahoria esté tierna. Escúrrela (puedes reservar el caldo de cocción para un fondo de sopa).

Precalienta el horno a 200 °C.

Pon el huevo en un cuenco e incorpora la Maicena. Añade la nata, removiendo, y la leche al final. Salpimienta ligeramente. Incorpora la zanahoria cocida y escurrida, así como el cebollino picado.

Vierte la preparación en un molde engrasado. Hornea aproximadamente de 20 a 30 minutos. Sirve caliente, tibio o frío.

EL TRUCO. Este *clafoutis* individual es muy elegante cuando se sirve con una carne blanca o un pescado, para una cena gastronómica. Y para darle un toque aún más exótico, sustituye la leche por leche de coco (toda o en parte).

ROLLITOS DE JAMÓN

Un plato retro, pero sin endivias y en versión primaveral. Es muy práctico porque puede recalentarse en el microondas, un día de esos que estás muy cansado...

PARA 1 PERSONA
PREPARACIÓN: 15 MINUTOS
COCCIÓN: 30 a 35 MINUTOS

Súper simple y rápido: NO
Puede congelarse: NO
Desaconsejado con aftas: NO
Fácil de transportar: NO

INGREDIENTES: *2 lonchas de jamón York sin grasa; 1 calabacín pequeño; $1/2$ puñado de judías tiernas (cocidas o congeladas); $1/2$ puñado de guisantes o de habas mini (frescas o congeladas); 1 cucharadita de mantequilla; $1/4$ de litro de leche (puede ser de soja); 1 cucharada de harina; $1/2$ mozzarella; 1 cucharada de aceite de oliva; nuez moscada (opcional); sal y pimienta.*

Lava el calabacín y córtalo en trozos. Calienta el aceite en una sartén o en un wok y añade el calabacín, las habas o los guisantes y cocínalos 7 u 8 minutos a fuego medio. Luego incorpora las judías tiernas y prosigue la cocción 5 minutos más.

Precalienta el horno a 210 °C.

Mientras, calienta la mantequilla en una cacerola e incorpora la harina. Ve agregando la leche sin cesar hasta conseguir una salsa bechamel. Salpimienta y añade un poco de nuez moscada, si lo deseas. Deja que espese a fuego muy lento sin dejar de remover.

Enrolla en cada loncha de jamón la mitad de la preparación de verduras. Coloca cada rollito en una bandeja refractaria. Vierte la bechamel por encima y espolvorea con la mozzarella rallada (o en dados). Hornea 20 minutos.

EL TRUCO. Si no usas toda la bechamel, puedes congelarla perfectamente en una bolsita o fiambrera: te servirá para un gratinado exprés en otro momento. Y si no te gusta esta salsa, puedes sustituirla por 2 cucharadas de nata espesa (puede ser vegetal) y 10 cl de leche (también de soja).

TORTILLA DE BONIATO

Los huevos suelen ingerirse bien, por mal que nos encontremos, y son ricos en proteínas. Decididamente, son un buen plan si nos gustan.

PARA 1 PERSONA

PREPARACIÓN: 10 MINUTOS

COCCIÓN: 20 a 25 MINUTOS

⟜ Súper simple y rápido: NO

✳ Puede congelarse: NO

🢒 Desaconsejado con aftas: NO

🖌 Fácil de transportar: SÍ

INGREDIENTES: ½ *cebolla; 100 g de boniato; 2 huevos pequeños; 1 cucharada de aceite de oliva; sal y pimienta.*

Pela el boniato y córtalo en rodajas finas (si es posible con una mandolina). Pela y pica la cebolla.

Calienta el aceite en una sartén y saltea las rodajas de boniato con la cebolla picada a fuego medio, hasta que el boniato esté cocido.

En un cuenco, bate los huevos con 2 cucharadas de agua. Salpimienta y viértelo en la sartén, remueve y deja cocer a fuego lento.

Cuando la parte de abajo esté dorada, da la vuelta a la tortilla con una tapa o un plato grande (con el mismo diámetro o superior a la tortilla).

Sirve tal cual o deja que esté tibia. Si la cortas en dados, sirve como aperitivo.

EL TRUCO. Puedes enriquecer esta tortilla con pimientos rojos (que añadirás al mismo tiempo que los boniatos) y guisantes cocidos (que agregarás al huevo batido) o con rodajas de chorizo y queso rallado (que mezclarás con los huevos): cualquier opción es deliciosa y puede hacer que el plato sea más nutritivo.

GRATINADO ESTILO BEBÉ

Muy retro y fácil de comer, este gratinado es reconfortante y energético, una versión original del puré de jamón.

PARA 1 PERSONA

PREPARACIÓN: 10 MINUTOS

COCCIÓN: 20 a 25 MINUTOS

☞ Súper simple y rápido: SÍ

❄ Puede congelarse: NO

👄 Desaconsejado con aftas: NO

🖐 Fácil de transportar: NO

INGREDIENTES: *2 patatas grandes; 80 g de jamón de York; 10 g de mantequilla; ½ calabacín; 2 cucharadas de queso rallado (gruyer, mozzarella, parmesano o manchego...); sal y pimienta.*

Lava y corta el calabacín en rodajas finas (con mandolina) y cocínalas 5 minutos al vapor o en una sartén antiadherente.

Pela las patatas y cuécelas en agua o al vapor. Corta el jamón en tiras pequeñas.

Precalienta el horno a 200 °C.

Cuando las patatas estén cocidas, cháfalas parcialmente con un tenedor e incorpora la mantequilla y el jamón.

En cuencos individuales, alterna capas de patata y de calabacín. Espolvorea con queso rallado y hornea 10 minutos, lo justo para que se derrita el queso. Sirve con ensalada verde.

EL TRUCO. Es una receta perfecta para aprovechar restos de puré o de pechuga de pollo, que pueden sustituir al jamón.

POLLO CON FRUTA

Dulce, azucarado, caramelizado... este delicioso pollo exótico asocia placer y originalidad.

PARA 1 PERSONA
PREPARACIÓN: 10 MINUTOS
COCCIÓN: 35 MINUTOS

✤ Súper simple y rápido: NO
✤ Puede congelarse: NO
◗ Desaconsejado con aftas: NO
✎ Fácil de transportar: NO

INGREDIENTES: *1 pechuga de pollo; ¹/₂ plátano (no muy maduro); ¹/₂ manzana granny; 1 cucharadita de pasas; ¹/₂ cebolla pequeña; 1 cucharadita de cúrcuma; 1 cucharadita de nuez de coco rallada; ¹/₂ vaso de sidra; 1 cucharada de aceite de oliva; sal y pimienta.*

Pela y pica la cebolla. Pela y corta la manzana en láminas. Pela y corta el plátano en rodajas de 1 cm aproximadamente. Corta la pechuga en 4 trozos grandes.

En una cacerola, vierte el aceite y dora el pollo con la cúrcuma y la cebolla durante 5 minutos. Añade los trozos de fruta y la sidra, y cuece 30 minutos a fuego lento (vierte un poco de agua si fuera necesario). Salpimienta ligeramente.

Unos 5 minutos antes de apagar el fuego, incorpora las pasas. Sirve espolvoreado con la nuez de coco y acompañado, si lo deseas, con arroz hervido.

> **EL TRUCO.** Puedes sustituir la pechuga por pavo o por solomillo de cerdo, dado que aceptan bien la mezcla de dulce y salado.

PLACERES DULCES

El dulce es el sabor que más apetece, incluso cuando estamos inapetentes. Además, picotear cosas dulces sube mucho la moral. Veamos, pues, unos cuantos postres dulces, pero no demasiado azucarados aunque sí muy sabrosos.

QUESITO BLANCO PICARÓN

Enriquecido de este modo, puede servir como desayuno o como pica-pica entre horas, aportando frescor, suavidad y ácidos grasos buenos.

PARA 1 PERSONA
PREPARACIÓN: 3 MINUTOS
COCCIÓN: SIN COCCIÓN

☞ Súper simple y rápido: SÍ
❄ Puede congelarse: NO
👄 Desaconsejado con aftas: SÍ
✎ Fácil de transportar: NO

INGREDIENTES: *1 tarrina de queso blanco individual (que puede ser griego o de oveja); 1 cucharada de miel líquida (de acacia u otra); 2 cucharadas de frutos secos al gusto (avellanas, almendras, nueces, piñones, pistachos...); 1 cucharada de agua de azahar; una pizca generosa de canela.*

Pon el queso en una copa o un cuenco bonito, incorpora la canela y el agua de azahar. Mezcla bien.

Esparce los frutos secos y vierte la miel. Degusta inmediatamente.

> **EL TRUCO.** Para más dulzor, desmenuza por encima una pasta de té, por ejemplo, y parecerá un postre festivo.

BIZCOCHO DE YOGUR REINVENTADO

Más original, más sano, más sabroso y más aromatizado que la versión clásica, este bizcocho se toma como desayuno y se le pueden añadir frutas, si te apetece.

PARA 1 PERSONA
PREPARACIÓN: 15 MINUTOS
COCCIÓN: 45 MINUTOS

- Súper simple y rápido: NO
- Puede congelarse: SÍ
- Desaconsejado con aftas: NO
- Fácil de transportar: SÍ

INGREDIENTES: *150 g de yogur natural (el tarro de vidrio sirve de medida para los otros ingredientes); 3 huevos; 1/2 tarro de aceite de oliva; 1 naranja bio; 2 1/2 tarros de harina semiintegral; 1 tarro de azúcar moreno; 1 bolsita de levadura; 12 orejones; mantequilla para el molde.*

Precalienta el horno a 200 °C.

Ralla la naranja (lo más finamente posible) y exprímela.

Separa las yemas de las claras y móntalas a punto de nieve firme. Bate las yemas con el azúcar hasta que la preparación blanquee y después incorpora el yogur.

Mezcla, aparte, la harina con la levadura. Añade el preparado a los huevos, luego la ralladura de naranja y el aceite de oliva. Incorpora después los orejones cortados en trozos pequeños.

Ve incorporando delicadamente las claras montadas.

Vierte la mezcla en un molde para bizcochos engrasado y hornea 45 minutos (verifica la cocción con la punta de un cuchillo, que deberá salir seca, porque la cocción varía según el tipo de molde). Al sacarlo del horno, vierte un chorrito de zumo sobre el bizcocho caliente y deja enfriar antes de desmoldar.

EL TRUCO. Este bizcocho es muy aromático, pero si quieres, puedes añadirle vainilla ($^1/_4$ de vaina en los huevos con azúcar) o canela (1 cucharadita generosa), nueces, avellanas o almendras o, para intensificar el sabor de naranja, unas gotitas de esencia o 3 cucharadas de agua de azahar. No dudes en dejar volar tu imaginación según las apetencias del momento.

PAPILLOTE DE KIWI, FRAMBUESAS, MANDARINA, ALMENDRAS O AVELLANAS

Sabor azucarado para los postres o para un tentempié, repleto de vitaminas y de sabor.

PARA 1 PERSONA
PREPARACIÓN: 10 MINUTOS
COCCIÓN: 15 MINUTOS

- Súper simple y rápido: SÍ
- Puede congelarse: NO
- Desaconsejado con aftas: SÍ
- Fácil de transportar: NO

INGREDIENTES: *1 kiwi; ¹/₂ cestita de frambuesas (o 1 puñado congeladas); ¹/₂ plátano; 1 mandarina; 1 cucharadita de miel; 1 cucharadita de avellanas picadas o de almendras fileteadas (opcional).*

Precalienta el horno a 210 °C.

Pela el kiwi y córtalo en 8 trozos. Pela la mitad del plátano y córtalo en rodajas pequeñas. Pela la mandarina y separa los gajos.

Corta una hoja de papel sulfurizado en un cuadrado de 20 cm de lado. En el centro, coloca el kiwi, los gajos de mandarina, las rodajas de plátano y las frambuesas. Incorpora la miel y esparce las avellanas o las almendras. Cierra el papillote con cuidado.

Hornea 15 minutos.

Degusta tibio o caliente, directamente en el papillote, con un poco de queso blanco, si te apetece, o con crema batida.

> **EL TRUCO.** Con una bola de helado (de fresa, limón, chocolate, mango o simplemente vainilla) tendrás un postre festivo digno de un chef.

SOPA DE FRUTOS ROJOS A LA NARANJA CON ALBAHACA

Tibia o fría, esta deliciosa sopa de frutas es muy sencilla pero elegante, llena de sabores y beneficios.

PARA 1 PERSONA

PREPARACIÓN: 10 MINUTOS

COCCIÓN: 15 MINUTOS

- Súper simple y rápido: SÍ
- Puede congelarse: NO
- Desaconsejado con aftas: SÍ
- Fácil de transportar: NO

INGREDIENTES: *70 g de fresas (entre ¼ y ⅓ de cestita); 70 g de arándanos o moras; 1 naranja; 3 ramitas de albahaca.*

Lava las fresas y retira los pedúnculos. Córtalas por la mitad. Enjuaga las frambuesas y las bayas sin dejarlas en remojo. Sécalas con papel absorbente.

Vierte el zumo de la naranja en una cacerola y añade la albahaca lavada (atada con cordel de cocina). Cuando hierva, agrega las frutas y cuece a fuego lento 10 minutos. Apaga el fuego y deja enfriar en la cacerola. Retira la albahaca y degusta tibia o fría, con queso fresco.

EL TRUCO. No dudes en preparar esta receta con fruta congelada (que descongelarás previamente) para poderla aprovechar todo el año. Es deliciosa con cerezas y menta fresca.

MOUSSE DE CHOCO SÚPER LIGERA

Sin que el chocolate sea muy fuerte y, particularmente ligera, nada empalagosa (sin azúcar ni mantequilla) y digestiva (no lleva muchos huevos), esta mousse reconfortante será una de tus mejores aliadas.

PARA 1 PERSONA
PREPARACIÓN: 20 MINUTOS
(idealmente la víspera o la mañana para la noche)
COCCIÓN: 3 MINUTOS
REFRIGERACIÓN: 3 HORAS MÍNIMO

🍂 Súper simple y rápido: NO
❄ Puede congelarse: NO
🍬 Desaconsejado con aftas: SÍ
✎ Fácil de transportar: NO

INGREDIENTES: *150 g de chocolate negro; 4 huevos; 2 cucharadas de café muy fuerte (opcional); 3 gotas de aceite esencial de menta piperina; una pizca de sal.*

Separa las yemas de las claras. Añade una pizca de sal a las claras y móntalas a punto de nieve firme.

Derrite el chocolate partido en trozos en 2 cucharadas de agua (en una cacerola con fuego muy lento o en el microondas). Justo cuanto esté derretido, pero no muy caliente, incorpora las yemas y remueve bien.

Ahora puedes agregar el café o el aceite esencial.

Añade muy delicadamente, con la espátula, las claras montadas, cucharada a cucharada, de abajo arriba, para no desmontarlas. Debes obtener una masa suave llena de burbujas. Cuando todas las claras se hayan incorporado, deja de mezclar y vierte en una fuente o en copas individuales. Deja enfriar varias horas para que la *mousse* quede más firme.

EL TRUCO. Puedes añadir una cucharada generosa de coco rallado, para darle un toque exótico. Si no, sirve tal cual con galletas o con bizcocho a la naranja o con una salsa de frambuesas frescas o congeladas (o bien con otros frutos rojos).

TARTA A LA NARANJA CON OREJONES Y CHOCOLATE

¡Mmmm! Una tarta sencilla pero aromática, retro, energética, ideal para tomar con té y para un buen desayuno.

PARA 1 PERSONA
PREPARACIÓN: 15 MINUTOS
COCCIÓN: 45 MINUTOS

Súper simple y rápido: NO
Puede congelarse: SÍ
Desaconsejado con aftas: SÍ
Fácil de transportar: SÍ

INGREDIENTES: *3 huevos; 100 g de azúcar moreno; 15 cl de nata líquida; 80 g de mantequilla; 250 g de harina semiintegral; 1 bolsita de levadura; 1 naranja, si es posible bio; 150 g de orejones; 100 g de pepitas de chocolate o chocolate negro rallado no muy fino.*

Precalienta el horno a 180 °C.

Mezcla los huevos con el azúcar. Incorpora la nata y la ralladura de naranja, removiendo bien. Añade, poco a poco (para que no queden grumos), la harina con la levadura, luego la mantequilla derretida y, finalmente, el zumo de naranja.

Corta los orejones en trozos pequeños y agrégalos a la masa, junto con las pepitas de chocolate o el chocolate rallado. Mezcla bien.

Engrasa un molde con mantequilla y vierte la masa con cuidado.

Hornea 45 minutos. Verifica la cocción en el centro de la tarta con la punta de un cuchillo, que debe salir seca.

EL TRUCO. Esta tarta se conserva sin problemas, en la nevera, durante 3 o 4 días. Puedes congelar una parte si la cortas en tiras de 1 cm de grosor, envasadas individualmente. Saca un trozo por la noche y a la mañana siguiente estará listo para el desayuno. Es muy práctica.

BOMBONES DE KIWI CON CHOCOLATE

Estas delicias te endulzarán el día y te aportarán felicidad... ¡y salud!

PARA 1 PERSONA (16 BOMBONES)
PREPARACIÓN: 10 MINUTOS
COCCIÓN: 5 MINUTOS
REFRIGERACIÓN: 2 HORAS

- Súper simple y rápido: SÍ
- Puede congelarse: NO
- Desaconsejado con aftas: SÍ
- Fácil de transportar: NO

INGREDIENTES: *2 kiwis maduros, pero aún firmes; 60 g de chocolate negro (70 % de cacao, mínimo); 1 cucharada de avellanas picadas; 1 gota de aceite esencial de menta piperina (opcional).*

Introduce un plato llano en la nevera para que esté muy frío. Derrite el chocolate con 2 cucharadas de agua en una cacerola a fuego lento, o en un cuenco al microondas.

Mientras, pela con cuidado los kiwis y córtalos en 4 trozos y, cada cuarto, en 2, a lo largo.

Agrega la gota de aceite esencial de menta (pero sólo una gotita o el sabor será muy fuerte) al chocolate derretido y mezcla bien.

Pincha en un palillo un trozo de kiwi y mójalo en el chocolate derretido. Después, pásalo por las avellanas picadas y colócalo en un plato frío. Repite hasta acabar con el kiwi. Reserva en la nevera como mínimo 2 horas antes de degustar.

> **EL TRUCO.** Puedes hacer lo mismo con fresas, frambuesas o gajos de mandarina. ¡Mmmm!

MAKI DE *CREPE* CON FRUTA

Un postre nutritivo para picar en bocaditos, para un tentempié y estimular el apetito.

PARA 1 PERSONA
PREPARACIÓN: 10 MINUTOS
COCCIÓN: SIN COCCIÓN
REFRIGERACIÓN: 30 MINUTOS

🌜 Súper simple y rápido: SÍ
❄ Puede congelarse: NO
🍵 Desaconsejado con aftas: NO
🥄 Fácil de transportar: SÍ

INGREDIENTES: *1 crepe preparada (de supermercado); 1 tarro individual de arroz con leche; 3 fresas.*

Sobre una esterilla forrada con film transparente, coloca la crepe. Corta los bordes para formar un rectángulo. Extiende por encima, de manera homogénea, una capa de arroz con leche. A 1 cm del borde más cercano a ti, dispón las fresas enjuagadas, sin pedúnculos y cortadas en trozos pequeños. Enrolla la crepe y a continuación envuélvela en film. Introdúcela en la nevera por lo menos durante 30 minutos.

Saca la crepe y retira el film y, con un cuchillo sin sierra, corta el rollito en rodajas más o menos anchas, como el *maki* japonés.

EL TRUCO. Este postre es delicioso también con plátano, mango y kiwi. Si lo deseas, espolvorea el arroz con leche con coco rallado o chocolate negro rallado. Puedes mojar cada *maki* en una salsa de fruta fresca o congelada (fresa, mango, frambuesa...) o una crema inglesa.

BANANA BREAD A LA AMERICANA

Este pastel americano es muy nutritivo, pero suave al paladar.

PARA 1 PERSONA
PREPARACIÓN: 15 MINUTOS
COCCIÓN: 1 HORA

☞ Súper simple y rápido: NO
❄ Puede congelarse: SÍ
👄 Desaconsejado con aftas: NO
✄ Fácil de transportar: SÍ

INGREDIENTES: *2 huevos; 250 mg de harina; 150 g de azúcar moreno; 3 plátanos maduros; 100 g de mantequilla; 1 bolsita de levadura; 1 bastón de vainilla (o ½ cucharadita de extracto líquido); 15 cl de leche; ½ cucharadita de bicarbonato sódico; una pizca de sal.*

Precalienta el horno a 170 °C.

Calienta la mantequilla muy suavemente. Reduce los plátanos a puré con un tenedor. Mezcla la harina, la sal, el bicarbonato y la levadura en una fuente.

En otra fuente, incorpora bien los plátanos con la mantequilla, la vainilla (recuperando las semillas con un cuchillo) y luego agrega el azúcar, los huevos y la leche.

Añade la harina al mismo tiempo que bates durante unos minutos (preferiblemente con batidora).

Vierte la masa en un molde para bizcochos engrasado con mantequilla y hornea durante 60 minutos. Desmolda una vez frío.

> **EL TRUCO.** Este dulce es ideal para el desayuno porque es muy energético. Una buena porción acompañada de fruta y chocolate negro es estupenda para un día de hospital.

COMPOTA RETRO EN *CRUMBLE*

Sabor de infancia que levanta el ánimo a través de un postre deliciosamente goloso.

PARA 1 PERSONA
PREPARACIÓN: 15 MINUTOS
COCCIÓN: 35 MINUTOS

- Súper simple y rápido: SÍ
- Puede congelarse: NO
- Desaconsejado con aftas: SÍ
- Fácil de transportar: NO

INGREDIENTES: *Para la compota:* 2 manzanas diferentes (granny y reineta o royal gala...); $\frac{1}{2}$ cestita de frambuesas o 1 puñado de frambuesas congeladas; 1 cucharadita de canela; 1 cucharada de miel. *Para el* **crumble:** 15 g de azúcar moreno; 15 g de mantequilla; 20 g de harina; 1 cucharada de almendras en polvo o de avellanas.

Corta la mantequilla en trozos pequeños y déjala en un plato a temperatura ambiente.

Pela las manzanas y retira el corazón; luego córtalas en trozos pequeños. Ponlas en una cacerola con la canela, la miel, las frambuesas y cuece a fuego lento durante 20 minutos aproximadamente.

Precalienta el horno a 210 °C.

Mezcla el azúcar con la mantequilla, la harina y las almendras en polvo mezclando y desmenuzando: la masa debe quedar como arena.

Vierte la compota en un cuenco individual que pueda introducirse en el horno.

Reparte el *crumble* por encima y hornea 15 minutos, más o menos, hasta que el *crumble* esté dorado.

EL TRUCO. Emplea fruta del tiempo en vez de frambuesas: peras, melocotones, albaricoques, higos, mangos... ¡todas son deliciosas!

GELATINA DE KIWI CON SALSA DE FRESA

Es verde, es rosa, es fresco y agridulce... en resumen, un postre natural, sin azúcar pero adorable.

PARA 1 PERSONA
PREPARACIÓN: 15 MINUTOS
COCCIÓN: 2 MINUTOS
REFRIGERACIÓN: 2 HORAS

Súper simple y rápido: SÍ
Puede congelarse: NO
Desaconsejado con aftas: SÍ
Fácil de transportar: NO

INGREDIENTES: *2 kiwis; 10 cl de té verde a la menta, no muy fuerte; ¹/₂ bolsita (o 1 g) de agar-agar; 1 gota de aceite esencial de menta (opcional); ¹/₃ de cestita de fresas; 1 bote individual de queso fresco.*

Pela los kiwis y cháfalos lo más finamente posible.

Calienta el té en un cazo y agrega el agar-agar. Lleva a ebullición sin dejar de remover y mantén el hervor 2 minutos sin dejar de remover en ningún caso.

Vierte el líquido sobre el puré de kiwi y mezcla bien. Si quieres, incorpora la gotita de aceite esencial de menta (pero sólo una gota).

Dispón en una copa (transparente, que queda mejor) e introduce en la nevera como mínimo 2 horas.

Antes de servir, lava las fresas y retira los pedúnculos, córtalas en trozos y bátelas con queso fresco hasta obtener una salsa untuosa.

Vierte la salsa sobre la gelatina y sirve inmediatamente.

EL TRUCO. ¿No tienes fresas? Pues usa un mango maduro (con su bonito color naranja). Para un toque más coqueto, pon las gelatinas en moldes de silicona, desmóldalas y preséntalas como flanes con la salsa alrededor. La salsa será de fruta del tiempo y puedes agregar coco o chocolate rallado por encima.

ARROZ CON LECHE EXÓTICO

Retro y nutritivo, este arroz con leche reinterpretado tiene un sabor dulce y exótico y resulta un regalo para las papilas.

PARA 1 PERSONA
PREPARACIÓN: 10 MINUTOS
COCCIÓN: 25 MINUTOS

- Súper simple y rápido: SÍ
- Puede congelarse: NO
- Desaconsejado con aftas: NO
- Fácil de transportar: NO

INGREDIENTES: *50 g de arroz redondo; 30 cl de leche; 100 ml de leche de coco (en lata o congelada); 15 g de azúcar moreno; 1/2 bastón de vainilla; 1/2 mango (o 100 g de mango congelado); 1 cucharada de coco rallado.*

Lava el arroz y cuécelo a fuego lento con la leche, la leche de coco y el azúcar. Abre la vaina de vainilla y raspa las semillas. Añádelas a la cacerola. Remueve de vez en cuando y apaga el fuego cuando el arroz esté cocido y untuoso.

Vierte en un cuenco y deja enfriar. Luego introduce el recipiente en la nevera.

Pela el mango y córtalo en trozos grandes. Bátelo hasta obtener un puré.

En el momento de servir, recubre el arroz con leche con el puré de mango y espolvorea con coco rallado.

EL TRUCO. Puedes sustituir el mango por piña fresca (en ese caso no las hagas puré porque quedarán hilos, sino que es preferible en trozos) o por una salsa de frutos rojos (que puedes elaborar con bayas congeladas).

SOPA DE MELÓN A LA MENTA CON JENGIBRE

Muy veraniega, esta «sopa» fresca y rehidratante alegra las papilas gustativas y levanta la moral.

PARA 1 PERSONA
PREPARACIÓN: 10 MINUTOS
COCCIÓN: 10 MINUTOS
REFRIGERACIÓN: 1 HORA

Súper simple y rápido: SÍ
❄ Puede congelarse: NO
Desaconsejado con aftas: NO
(retira la naranja)
Fácil de transportar: SÍ
(si bates como una bebida)

INGREDIENTES: $1/_4$ de melón; 3 ramitas de menta; 1 cm de jengibre; 1 cucharada de sirope de agave; 1 naranja; 1 anís estrellado (opcional).

Enjuaga y pica la menta. Pela y ralla el jengibre. Exprime la naranja.

Hierve 10 cl de agua en una cacerola, con la menta, el anís estrellado, el jengibre, el zumo de naranja y el sirope de agave. Deja espesar 10 minutos.

Mientras, pela el melón, retira las semillas, córtalo en trozos y colócalos en una fuente.

Pasa el sirope ya cocido por un chino y viértelo, caliente, sobre los trozos de melón. Deja enfriar y, después, introdúcelos en la nevera durante, como mínimo, 1 hora antes de servir.

> **EL TRUCO.** Puedes elaborar esta receta con bolitas congeladas de melón, así lo tomarás en cualquier estación. También puedes convertirla en una bebida si la bates. Es muy agradable.

FRUTA BELLA-HELENA EXPRÉS

Pera... pero no solamente pera. Este postre goloso puede alargarse casi hasta el infinito.

PARA 1 PERSONA
PREPARACIÓN: 10 MINUTOS
COCCIÓN: 5 MINUTOS

- Súper simple y rápido: SÍ
- Puede congelarse: NO
- Desaconsejado con aftas: SÍ (*en función de la fruta y de tu sensibilidad al chocolate y las almendras*)
- Fácil de transportar: NO

INGREDIENTES: *30 g de chocolate negro; ¹/₂ pera; ¹/₂ plátano; 1 bola de helado de vainilla; 1 cucharada de almendras picadas.*

Pela la fruta y córtala en trozos pequeños. Colócalos en el fondo de una copa bonita (o de un cuenco transparente).

Derrite el chocolate negro con 2 cucharadas de agua fría. Mezcla y reserva en tibio.

Coloca una bola de helado sobre la fruta y recubre con chocolate caliente. Sirve inmediatamente con las almendras espolvoreadas por encima.

> **EL TRUCO.** Este postre también está delicioso con fresas, mango, zanahoria, kiwi, naranja, melocotones, piña...

BEBIDAS

Algunas bebidas no solo son relajantes, sino que también nos pueden dar un empujoncito, calmar las náuseas y mantener el sistema inmunitario a todo tren... ¡Pruébalas!

SMOOTHIE HELADO REFRESCANTE

Dulce, untuoso y refrescante, este smoothie será un agradable tentempié que te proporcionará energía. ¡Y te estarás tomando una buena ración de fruta!

PARA 1 VASO GRANDE
PREPARACIÓN: 10 MINUTOS
COCCIÓN: SIN COCCIÓN

☞ Súper simple y rápido: SÍ
❄ Puede congelarse: NO
🍮 Desaconsejado con aftas: SÍ
   (*ultra afrutado*)
🧴 Fácil de transportar: SÍ

INGREDIENTES: *20 cl de zumo de naranja sin colar, o de zumo de piña; ¹/₂ plátano maduro (pero no en exceso); 1 trozo de mango (puede ser congelado); ¹/₄ de aguacate; 1 cucharadita de hojas de menta frescas o congeladas (opcional).*

Pela el plátano y el aguacate y córtalos en trozos. Ponlos en el vaso de la batidora junto con el zumo de fruta y la menta.

Bate hasta obtener una consistencia untuosa. Sirve fresco, con cubitos, si lo deseas.

> **EL TRUCO.** Puedes sustituir el mango por melocotón, fresas, frutos rojos congelados, el zumo de ¹/₂ limón que te haya sobrado... En resumen, prepara el postre con lo que te guste y dependiendo de lo que encuentres por la cocina. ¡Tiene que ser a tu gusto!

JENGIBRE *DRINK*

Sumamente sencillo, se puede tomar caliente, tibio o frío. Es una bebida gustosa que combate con eficacia las náuseas.

PARA 1 PERSONA
PREPARACIÓN: 5 MINUTOS
COCCIÓN: SIN COCCIÓN

Súper simple y rápido: SÍ
Puede congelarse: NO
Desaconsejado con aftas: NO
(pero sin cítricos)
Fácil de transportar: SÍ

INGREDIENTES: *1 cucharada de azúcar moreno; 1 limón (o 1 naranja si lo prefieres); 1 ramita de menta; 1 cm de jengibre; agua con gas (sólo para la versión fría. Para el resto agua mineral).*

Pela el jengibre y córtalo en 3 o 4 rodajas finas, que picarás lo más finamente posible.

En el fondo de un vaso, coloca las hojas de menta, el azúcar moreno y el jengibre. Chafa, con una cuchara y añade poco a poco (siempre chafando) el zumo de limón o la naranja.

Mezcla y completa con agua hirviendo (que dejarás enfriar un poco hasta que alcance la temperatura deseada) o agua con gas fría. Cuela antes de beber.

EL TRUCO. Como es una bebida veraniega muy agradable, puedes preparar una jarra e ir bebiendo todo el día. Es ideal también para un pícnic o un aperitivo fuera... puedes llevártelo (frío o caliente) en un termo. Si no dispones de jengibre, sustitúyelo por 1 gota (y sólo una) de aceite esencial.

ACE CASERO

Bebida fresca y multivitamínica, mucho mejor que en botella, para conseguir un empujón.

PARA 1 VASO GRANDE
PREPARACIÓN: 5 MINUTOS
COCCIÓN: SIN COCCIÓN

- Súper simple y rápido: SÍ
- Puede congelarse: NO
- Desaconsejado con aftas: SÍ *(fruta de sabor ácido)*
- Fácil de transportar: SÍ

INGREDIENTES: *1 naranja grande; ¹/₂ pomelo (o 1 naranja suplementaria); ¹/₂ limón verde; 1 zanahoria grande (si dispones de licuadora; de lo contrario, mejor un zumo de zanahoria bio en botella).*

Pela la zanahoria y pásala por la licuadora.

Exprime la naranja, el pomelo y el limón, y mezcla estos zumos con el de zanahoria (casero o de botella).

¡Sirve con cubitos y a beber!

> **EL TRUCO.** Añade 1 manzana a la zanahoria, más bien ácida, tipo granny. Está delicioso.

BATIDO DEL BOSQUE

Nutritivo y fácil de tomar incluso los días en los que no tienes apetito, esta bebida aterciopelada será un agradable tentempié.

PARA 1 PERSONA
PREPARACIÓN: 5 MINUTOS
COCCIÓN: SIN COCCIÓN

- Súper simple y rápido: SÍ
- Puede congelarse: NO
- Desaconsejado con aftas: (*a probar según sensibilidad*)
- Fácil de transportar: SÍ

INGREDIENTES: *2 puñados grandes de frutos rojos: frambuesas, fresas, moras, cerezas... (frescas o congeladas); 1 bola de helado de vainilla (o 1 yogur natural); 20 cl de leche de almendras, de avellanas o de arroz.*

Pon las frutas en el vaso de la batidora con el helado o el yogur.

Bate muy bien diluyendo progresivamente la leche vegetal hasta que obtengas la consistencia deseada.

Degusta bien frío.

> **EL TRUCO.** Con un yogur griego, la bebida será más aterciopelada... en ese caso, añade cubitos para que esté más fría, casi helada, lo cual resulta muy agradable cuando se sufre aftas o se tiene mal sabor de boca.

TÉ A LA MENTA

Menos azucarado que el tradicional oriental, pero muy agradable a lo largo de todo el día.

PARA 1 PERSONA
PREPARACIÓN: 5 MINUTOS
COCCIÓN: 5-7 MINUTOS
  DE EBULLICIÓN
INFUSIÓN: 8 MINUTOS

🍂 Súper simple y rápido: SÍ
❄ Puede congelarse: NO
👄 Desaconsejado con aftas: NO
✋ Fácil de transportar: SÍ

INGREDIENTES: *1 cucharada de té verde en hojas de calidad; 1/3 de ramita de menta fresca; sirope de agave.*

Lleva a ebullición 25 cl de agua y, mientras, enjuaga la menta y escúrrela.

En una tetera, vierte agua hirviendo sobre el té verde. Deja en infusión 2 minutos y desecha el té (¡Es muy amargo y los marroquíes lo llaman «el vaso de la suegra»!). Vuelve a hervir la misma cantidad de agua.

Incorpora la menta al té, vuelve a verter el agua hirviendo y deja en infusión por lo menos 6 minutos, mezclando de vez en cuando.

Endulza a tu gusto con el sirope de agave y toma la bebida caliente, tibia o fría (en ese caso, retira el té antes de dejar que se enfríe).

EL TRUCO. Este té puede conservarse en frío durante el verano y resulta muy relajante. Puedes añadirle trozos de fruta, como si fuera una sangría, para tomar un aperitivo sin alcohol.

ZUMO SÚPER LIGERO

Original pero muy suave, este zumo es agradable de tomar cuando hace calor y aporta buenos nutrientes, además de relajar.

PARA 1 PERSONA
PREPARACIÓN: 10 MINUTOS
COCCIÓN: SIN COCCIÓN

- Súper simple y rápido: SÍ
- Puede congelarse: NO
- Desaconsejado con aftas:
  (*a probar según sensibilidad*)
- Fácil de transportar: SÍ

INGREDIENTES: ½ *pepino; 1 trozo de sandía sin pepitas; ½ kiwi; 5 hojas de menta.*

Pela el pepino, córtalo por la mitad y retira las semillas con una cucharilla. Pela el kiwi. Enjuaga las hojas de menta. Recupera la pulpa de la sandía y retira las pepitas.

Corta la fruta en trozos. Ponlos en el vaso de la batidora, añade la menta y bate bien hasta obtener un líquido homogéneo. Incorpora un poco de agua, si fuera necesario, para conseguir más fluidez. Bebe bien frío...

EL TRUCO. Bebida súper hidratante que no es un zumo de verdura. Puedes añadir aguacate y será más consistente y más aterciopelado.

BIBLIOGRAFÍA

ARTÍCULOS CIENTÍFICOS

«Effets des cancers sur l'état nutritionnel et la prise alimentaire: la perception des malades», Hébuterne X., Beauvillain de Montreuil C., Lemarié E., Michallet M., Goldwasser F. *Nutr Clin Metab* 2007; 21(1 Suppl 2): S39.

«Nutrition du malade cancéreux: il est temps de s'en soucier», HŽbuterne X, *Post'U* (2010) 125-128.

«Dietary Counseling Improves Patient Outcomes: A Prospective, Randomized, Controlled Trial in Colorectal Cancer Patients Undergoing Radiotherapy» È., Ravasco P., Monteiro-Grillo I., Marques Vidal P. y Ermelinda Camilo M., *J Clin Oncol* 23:1431-1438. © 2005 American Society of Clinical Oncology.

«Individualized nutrition intervention is of major bene-1t to colorectal cancer patients: long-term follow-up of a randomized controlled trial of nutritional therapy», Ravasco P., Monteiro-Grillo I y Camilo M., *Am J Clin Nutr* 2012; 96:1346-53. Printed in USA. © 2012 American Society for Nutrition.

Editorial journal NCI, Andrea Cartero: Carter A. «Curry Compound Fights Cancer in the Clinic». *J Natl Cancer Inst* 2008.

«Troubles du goût et de l'alimentation chez les malades du cancer traités par chimiothérapie», Jacubowicz C., *Institut National du Cancer.*

«Mucite et candidose oropharyngée», Kamioner D., Krakowski I., Mayeur D., Scotté F., *La lettre du cancérologue*, vol XVIII, n.º 07, sept. 2009.

OBRAS

Les aliments contre le cancer. Drs. Denis Gingras y Richard Beliveau, Éd. Le Livre de poche.

Cuisiner avec les aliments contre le cancer. Drs. Denis Gingras y Richard Beliveau, Éd. Le Livre de poche.

Les meilleurs aliments anticancer. Anne Dufour, Leduc.s Éditions.

FOLLETOS DE AYUDA A LOS PACIENTES

«Alimentation et cancer: comment bien s'alimenter pendant les traitements?» de la Ligue contre le Cancer (se puede descargar en: http://www.ligue-cancer.net/shared/ brochures/alimentation-cancer.pdf).

«Cancer du sein et traitements, bien manger pendant ma maladie» (Parcours de femmes, editado por Bristol-Myers Squibb Oncologie, se puede descargar en:
http://www. bmsfrance.fr/IMG/pdf/5cancer_8-nutrition-3.pdf)

«L'alimentation de l'adulte traité pour un cancer, quelques conseils pratiques» (la Ligue contre le Cancer se puede descargar en: http://www.ligue-cancer.net/1les/national/article/documents/bro/alimentation_adulte.pdf)

«Retrouver le plaisir du goût», consejos culinarios y recetas, editado por BioAlliance Pharma (se puede descargar en: www.bioalliancepharma.com)

«Conseils pour enrichir votre alimentation», folleto editado por un equipo de la red NACRe (Réseau National Alimentation Cancer Recherche). Se puede descargar en: http:// www7.inra.fr/nacre/

le_reseau_nacre/outils_tous_publics/conseils_enrichissement_
alimentation

Y TAMBIÉN

www7.inra.fr/nacre/actualites/recommandations_nutrition_oncologie
www7.inra.fr/nacre/pendant_le_cancer
«Nutrition chez le patient atteint de cancer», recomendaciones de la
SFNEP, noviembre 2012

Webs de referencia:
www.sfnep.org
www7.inra.fr/nacre/le_reseau_nacre

ÍNDICE